AF453131

DÉFENSE

D E

FRANÇOIS DE VEDEL-MONTEL,

chevalier de l'ordre royal & militaire de faint Louis, lieutenant-colonel d'infanterie, & major du régiment Dauphin,

Accufé de COMPLICITÉ DE FAUX*, par* M. *le maréchal duc de* RICHELIEU*, pair de France.*

RÉPONSE

SIGNIFIÉE

POUR François de Vedel-Montel, chevalier de l'ordre royal & militaire de saint Louis, lieutenant-colonel d'infanterie, major du régiment Dauphin ;

CONTRE M. *le maréchal duc de* Richelieu, *pair de France.*

Quelle puissance irrésistible gouverne les destinées humaines ! Quelle aveugle fatalité paroît avoir tout-à-coup changé le cours de ma vie ! Quelle dissemblance inconcevable entre mes jours passés & ceux qui s'écoulent !

J'étois parvenu à cet âge où l'homme commence à sentir qu'il n'y a plus pour lui rien de nouveau sur la terre. Je croyois avoir vécu ; & sans vouloir me comparer à nos anciens héros, je pouvois du moins me dire à moi-même, je pouvois dire à mes émules, à mes fupérieurs, à mon prince, à ma patrie : je fuis *fans peur & fans reproche.*

Tel eft en effet l'honorable jugement qu'ils ont toujours porté de moi. Tel eft le témoignage qu'ils en rendent encore aujourd'hui.

Cependant je ne fuis plus le même homme. Je fuis accufé d'un crime abject. Je fuis accufé de m'être laiffé entraîner, par un intérêt fordide, à commettre un faux qui devoit me procurer une fortune immenfe, fi je réuffiffois à l'enfevelir dans les ombres du miftere, ou me conduire à l'infamie, à la perte de mon état, de toute mon exiftence civile, s'il étoit éclairé du flambeau des loix. Je fuis décreté. Je fubis le feu d'une procédure monftrueufe, qui n'étoit réfervée qu'à moi feul, dont les annales de la monarchie n'offrent point d'exemple. On me traîne de prifons en prifons, & depuis plus de neuf mois je gémis dans les fers.

O toi, qui guidas mes premiers pas dans la carriere de l'honneur, toi qu'une mort prématurée vint enlever à ma foible jeuneffe dont tu faifois l'orgueil & l'apui, fage militaire, citoyen refpectable ! O mon pere ! pouvois-tu penfer qu'un jour cet enfant que tu portois dans tes bras fur le champ de bataille, cet enfant dont l'ame étoit nourie de tes vertus, cet enfant, le dernier d'un nom cher à ton pays, confumeroit la plus précieufe portion de fa vie à répondre à des libelles diffamatoires, à fe défendre contre des atrocités judiciaires, après avoir combattu trente - quatre ans pour son prince, après trente - quatre ans d'une conduite irréprochable & pure, après avoir mérité par ses services la même place où les tiens t'avoient élevé. Pardonne, ah! pardonne. Ton malheureux fils n'est point coupable. Tu lui fus trop tôt ravi; mais il n'a point détruit ton ouvrage. Digne & généreux pere, vénérables ancêtres, qui mourûtes les armes à la main pour la défense de la nation, levez-vous, sortez de vos tombeaux, venez déposer pour moi; & je verrai la calomnie laisser tomber son poignard & ses poisons, & s'éloigner en frémissant, d'un citoyen qu'elle n'auroit jamais osé souiller de ses regards, si le crédit & l'intrigue ne l'avoient armée contre lui.

Oui, c'est un grand du royaume, c'est un homme revêtu des premieres dignités de l'état, qui m'outrage, qui me diffame, qui m'assassine avec le glaive de la justice! car je ne dois plus attribuer aux gens d'affaires de M. le maréchal duc de Richelieu, des libelles affreux qu'il fait imprimer, publier & débiter sous son nom, & au bas desquels je vois sa signature, que sans doute il ne désavouera pas, puisqu'il l'a donnée sous les yeux de nos juges.

Il faut donc répondre. C'est lui qui m'y force; & plus il a d'autorité parmi nous, plus je dois élever la voix, quand il veut me deshonorer.

L'exemple qu'il m'a donné ne me séduira pas. Je serai ferme, mais je ne cesserai pas d'être honnête. Je mettrai dans ma défense autant de force & de dignité, qu'il a mis de ruse & d'indécence dans son attaque. Il s'eſt écarté du reſpect qu'il ſe devoit à lui-même. Il a voulu m'abaiſſer, il s'eſt avili. Je ne lui dois plus rien que la vérité. Je lui ferai voir que le ton contempteur qu'il a pris, n'étoit fait, ni pour lui, ni pour moi. Je veux bien qu'il reprenne ſa place, s'il eſt poſſible; mais certes, je ſaurai, moi, me remettre à la mienne.

Je ne me diſſimule pas que je m'impoſe une tâche difficile. Il s'agit de détruire une *calomnie travaillée de main de courtiſan*, comme diſoit un grand miniſtre, & de rétablir mon honneur attaqué par un des juges de l'honneur même. Il fut un tems où mon innocence me faiſoit trembler; mais je me raſſure: le preſtige eſt tombé, le moment de l'illuſion n'eſt plus, les jours de la loi ſont arrivés; & je ne parle de mes périls paſſés, que comme le navigateur abordant au port raconte la tempête dont il vient d'être battu. Nous ſommes à préſent, mon adverſaire & moi, deux hommes parfaitement égaux, accuſés, cités tous deux devant tout ce que le peuple françois a de plus reſpectable & de plus impoſant, devant le premier comme le plus équitable des tribunaux, aux yeux duquel les rangs, les décorations, les dignités, les illuſtrations diſparoiſſent, comme devant la juſtice éternelle, dont il eſt ſur la terre l'auguſte ſimulacre.

FAITS. A DIEU ne plaiſe que je veuille ici me prévaloir de ma naiſſance! je ſais que c'eſt le haſard qui donne cet avantage, ſi c'en eſt un; & malheur à qui ne le juſtifie pas par ſes qualités perſonnelles!

Il ne fert alors qu'à éclairer fa honte, & pour ainfi dire qu'à célébrer fon infamie.

Mais il eft de ces malheureufes circonftances où l'homme fe trouve réduit à l'humiliation de dire du bien de lui-même. Telle eft ma pofition ; & puifque M. le maréchal de Richelieu me préfente à la juftice, à la France, à l'Europe entiere, comme coupable des *menfonges* les plus *impudens*, & du *crime* le plus *vil* & le plus *odieux*, il faut bien que je faffe voir de quels gens je tiens le jour, & quel homme je fuis.

Je dois dire que je fuis né à Aiguevive, en Languedoc, iffu d'une maifon noble de cette province, & fils d'un lieutenant-colonel d'infanterie. De tout tems, ma famille s'étoit dévouée au fervice de l'état. Mon pere & trois de fes freres avoient été menés, dès leur plus tendre jeuneffe, au régiment de l'Ifle de France, par un de leurs oncles, capitaine de grenadiers. J'y fus mené de même par mon pere, avec mon frere aîné.

De fix que nous étions reftés du même nom, quatre ont été tués à la güerre. Un cinquieme y eft mort de maladie ; & je fuis le dernier rejetton mâle de cette famille qui a verfé fon fang pour fon prince & fa patrie, & qu'on voudroit flétrir toute entiere en ma perfonne.

Ai-je jamais démenti cette honorable origine depuis que j'exifte, depuis trente-quatre ans que j'ai l'honneur de fervir le roi ? C'eft ce que diront mes compatriotes, mes camarades, mes fupérieurs. Ils atteſtent (1) que , *depuis* mon *enfance*, j'ai *mérité*, *dans toutes les occaſions*, leur *plus parfaite eſtime ; qu'il ne* leur *eſt jamais parvenu que*, *dans aucun tems de* ma *vie*, je me *fois écarté de mes devoirs*, ni *de la plus exacte probité;* qu'ils *ſavent* que je ſuis en effet *de la probité la plus exacte ;* que, *pendant* tout *le tems que* je ſuis *reſté* à Nîmes, où j'ai paſſé le plus grand nombre de mes ſémeſtres, ma *conduite a mérité les éloges de tous ceux qui* m'ont *connu ;* qu'à l'égard des deux *corps* où j'ai ſervi, je m'y ſuis toujours *comporté en homme d'honneur & de probité, ce qui m'a valu leur eſtime & leur amitié ;* que je ſuis *entré enfant au ſervice ,ſous les yeux de* mon *reſpectable pere ;* que j'ai *ſervi* mon prince *avec la plus grande diſtinction ;* qu'ils *ne* m'ont *jamais reconnu que des ſentimens dignes de* ma *naiſſance ;* & qu'ils *ne peuvent qu'avec la plus grande ſurpriſe entendre parler de l'accuſation intentée contre* moi.

Ces atteſtations n'ont pas été mandiées. Les noms illuſtres dont elles ſont ſouſcrites les mettent à l'abri de tout ſoupçon de partialité. Elles ont toutes d'ailleurs des dates poſtérieures au décret de priſe de corps décerné contre moi; & je ne les ai reçues que dans les priſons. J'ai donc été aſſez heureux juſqu'à préſent, pour me faire honorer , eſtimer de cette claſſe de citoyens la plus délicate ſur l'honneur, & qui prodigue le moins ſon eſtime.

____

(1) Voyez les pieces juſtificatives ci-après.

Je

Voilà pourtant l'homme que M. le maréchal de Richelieu transforme en un vil fauſſaire, & qu'il n'a pas craint de citer comme tel, aux deux tribunaux de la loi & de l'opinion.

Mon pere fut tué dans les guerres d'Italie. J'eus le malheur auſſi d'y perdre mon frere aîné, qui fut emporté ſous mes yeux d'un boulet dont je fus moi-même renverſé.

Après ces deux pertes immenſes, qui n'eût penſé que je reſtois ſans protecteur & ſans apui? Je n'avois plus de famille. Je regardois autour de moi; je me trouvois ſeul au milieu de l'armée; j'étois effrayé de mon indépendance. Qu'allois-je devenir? Mais la mémoire de mon vénéré pere me rendit cher à tous ſes anciens compagnons d'armes. Par une eſpece d'adoption militaire, je devins l'enfant commun de tous mes ſupérieurs. Ils m'admettoient à leur table, à leurs travaux, à leurs plaiſirs, à leurs converſations. Je n'ai jamais oublié ce ſublime & touchant ſpectacle, d'un jeune officier orphelin, ſans ceſſe environné de ſes peres adoptifs, de ces vieux & reſpectables guerriers écartant loin de lui la licence des camps, & formant autour de ſa perſonne comme une garde incorruptible de conſeils, de lumieres & d'expérience. Non, je ne l'oublierai jamais; je n'en parlerai jamais ſans émotion; & j'en verſe encore des larmes de reconnoiſſance & d'attendriſſement.

Avec de tels ſecours, pouvois-je ne pas réuſſir? J'eus donc le bonheur de faire mon chemin, & je paſſai ſucceſſivement par les différens grades qui m'ont conduit à ceux de lieutenant-colonel & de major du régiment Dauphin , que j'occupe aujourd'hui.

Vers le mois de mars 1771 , M. le maréchal de Richelieu avoit fait , par ſon crédit, transférer madame la préſidente de Saint-Vincent, d'un couvent de Tarbes où elle étoit retirée d'ordre du roi, au monaſtere de ſainte Catherine de Poitiers.

M. le maréchal , qui n'eſt pas plus exact ſur ce fait , que ſur beaucoup d'autres, ne fixe (1) l'époque de cette tranſlation de madame de Saint-Vincent, qu'au mois de mars 1773 ; il prétend que j'étois alors à Poitiers , & que c'eſt à cet inſtant même que je formai avec elle une liaiſon *très-intime*. Le fait eſt faux. Il eſt au contraire de notoriété publique , & toute la ville de Poitiers , tout le régiment Dauphin atteſteront que c'eſt en effet dès le mois de mars 1771 , que M. le maréchal a fait venir madame de Saint-Vincent au couvent de ſainte Catherine , & que , moi , je ne ſuis arrivé à Poitiers qu'environ trois mois après , c'eſt-à-dire au mois de juin ſuivant.

Je commandois le régiment Dauphin qui y étoit en garniſon. Je rencontrai , pour la premiere fois, madame la préſidente de Saint-Vincent chez le comte de la Meſſeliere, officier général. Ce fut là que je fis ſa connoiſſance , à l'occaſion de l'intérêt qu'elle

____

(1) Mémoire contre le ſieur de Vedel, page 5.

prit au fort de quelques foldats qu'elle voulut bien me recommander. Je crus devoir des égards & des refpects à une femme de la premiere qualité, telle que madame de Saint-Vincent ; je lui rendis vifite, comme lui en rendoient les perfonnes les plus diftin-guées de la ville ; cette dame prit infenfiblement de la confiance en moi, elle me témoigna de l'amitié, & je ne difconviens pas que j'en fus flatté.

Selon M. le maréchal de Richelieu (1), *l'opinion commune de ceux qui ont connu à Poitiers mes liaifons avec madame de Saint - Vincent, étoit qu'il y entroit plus d'intérêt que d'attachement ; & cette opinion ne fe trouve que trop confirmée par notre propre correfpondance.*

Mais où eft la preuve de cette prétendue *opinion commune ?* Je défie M. le maréchal de me l'admi-niftrer. Je le défie de préfenter feulement la moindre préfomption, le plus foible adminicule de ce qu'il ofe hafarder ici. Notre affaire ne s'inftruit plus à la baftille. Nous fommes actuellement en juftice réglée. Ainfi, ce n'eft point fur une délation fourde, fur une affertion vague ou gratuite qu'on me fera mon pro-cès. M. le maréchal voudroit infinuer à nos juges, au public, que je fuis un homme vil, animé par le plus fordide intérêt. Il fent que cette infinuation eft néceffaire à fon fiftême. Il n'y réuffira pas : je fuis trop connu : l'amour des richeffes ne m'a jamais

____

(1) Mémoire contre madame de Saint-Vincent, page 25.

possédé : j'ai fait mes preuves : j'en appelle à mes supérieurs, à mes camarades : jamais caisse ne fut administrée avec plus d'ordre, plus de clarté, plus d'économie, plus de loyauté, que celle du régiment où je sers ; & si je suis aussi pur, aussi intact dans l'administration d'une caisse publique, où je pouvois chaque jour en imposer aux plus clairvoyans, osera-t-on me soupçonner d'être dévoré de la soif de l'or ? J'abandonne à des hommes plus adroits ou plus puissans que moi cette passion aussi basse que funeste, qu'on n'a jamais tolérée dans un état bien ordonné, qu'on ne toléroit que dans Athènes, du tems d'Alcibiade & de Périclès.

Quant à ma correspondance avec madame de Saint-Vincent, composée d'un grand nombre de lettres, que ni M. le maréchal, ni personne n'avoit droit d'examiner, encore moins de dévoiler, qu'y trouve-t-on ? Pas une ligne, pas un mot de billets calqués ou contre-tirés, à calquer ou à contre-tirer ; pas une ligne, pas un mot qui puisse donner le plus léger soupçon d'un *faux* concerté entre les deux correspondans. On y voit des secrets qu'on a eu l'audace de violer, quoiqu'ils ne pussent intéresser que nous : on y voit un commerce d'amitié, de bienveillance, de services mutuels. Madame de Saint-Vincent avoit besoin d'argent, elle m'en demandoit, je lui en prêtois autant qu'il étoit en moi. J'avois besoin de recommandations à la cour ; je desirois que madame de Saint-Vincent s'intéressât

pour moi auprès de M. le maréchal de Richelieu,
que j'avois su être son parent & son ami : elle me
le promettoit, elle effectuoit ses promesses. Voilà
tout.

En effet, on parloit beaucoup à Poitiers, lorsque
j'y arrivai, des liaisons & de la parenté de madame
la présidente de Saint-Vincent avec M. le maréchal
de Richelieu, qui avoit alors un prodigieux crédit.
Je ne tardai pas à en être convaincu moi-même,
dès que j'eus connu cette dame. Elle voulut bien
me témoigner assez de considération pour me faire
part de l'ascendant qu'elle croyoit avoir auprès de
M. le maréchal, & de ce qu'il avoit fait, à sa recommandation, pour plusieurs personnes auxquelles
elle s'étoit intéressée. Enfin, elle m'offrit ses bons
offices, que j'acceptai, parce que je n'y voyois rien
qui pût blesser ma délicatesse, & que, pour des raisons particulieres & totalement indifférentes à ce
dont il s'agit aujourd'hui, je desirois un prompt
avancement, & une place avantageuse, à laquelle je
croyois avoir droit d'aspirer après plus de trente
années de services.

Dans de pareilles circonstancees, on sent que
M. le maréchal de Richelieu pouvoit être pour moi
un protecteur extrêmement précieux. Encore une
fois, j'acceptai les offres obligeantes de madame de
Saint-Vincent ; je la priai même de me recommander
de la maniere la plus forte & la plus pressante auprès
de M. le maréchal, & je lui dois la justice de dire

qu'à cet égard elle s'empreffa de me donner toute fatisfaction.

M. le maréchal prétend ne me pas connoître, ne m'avoir vu que deux fois à Poitiers, en maifon tierce, avoir à peine entendu prononcer mon nom, & ne s'être intéreffé que très-foiblement à mon fort. *Il nie* (1) *le vif intérêt qu'on lui a fuppofé pour* moi, *ces chaudes & vives follicitations qu'on lui fuppofe pour* me *procurer la grace* que je defirois.

Il faut cependant qu'il fe rappelle, & certainement il ne peut pas fe diffimuler, que je l'ai vu à fon logement toutes les fois qu'il eft paffé à Poitiers, pendant le féjour qu'y faifoit le régiment; que je lui en ai préfenté trois ou quatre fois les officiers; que j'ai diné ou foupé au moins trois fois avec lui, foit à l'évêché, foit à l'intendance de Poitiers; qu'après le dernier fouper à l'intendance, je lui ai parlé de mon affaire au milieu du falon de compagnie; que là, je l'ai remercié de ce qu'il avoit promis à madame la préfidente de Saint-Vincent de s'intéreffer à moi pour la grace que je defirois d'obtenir; qu'il m'en a fur le champ renouvellé la promeffe; qu'il m'a même dit de lui faire parvenir un mémoire relatif; le tout en préfence de plufieurs officiers, qui font encore en état d'attefter ces particularités; que mon mémoire lui a été enfuite adreffé par madame de Saint-Vincent; qu'il a parlé en ma faveur à M. le duc

_____

(1) Mémoire contre le fieur de Vedel, page 6 & fuivantes.

d'Aiguillon, alors miniftre de la guerre, à M. le duc de la Vauguyon mon colonel, au fieur Charlot, premier commis de la guerre, & à plufieurs autres; qu'une perfonne que j'avois priée de le folliciter, lui a parlé pour moi trois fois à Verfailles; que loin qu'il dit alors ne point me connoître, ni ne prendre aucun intérêt à mon avancement, il a autorifé très-expreffément & par une lettre cette même perfonne à folliciter en fon nom pour moi ce que je demandois au bureau de la guerre; que nous nous fommes écrit réciproquement M. le maréchal & moi; & qu'il a reçu mes lettres, puifque je les avois portées moi-même à la pofte, & qu'il y a fait réponfe.

Je ne rends compte de tous ces faits que par amour pour l'exactitude & la vérité; car ils n'ont rien de commun avec l'accufation de faux fur laquelle il s'agit de ftatuer; & M. de Richelieu ne s'attache fi fortement à les combattre, que pour diftraire nos juges du véritable objet de notre affaire. Je fuis prêt au furplus à les articuler, fi la cour le juge à propos, & j'en ferai la preuve par le témoignage de la plupart des perfonnes que je viens d'indiquer.

Que dis-je? Cette preuve eft déja faite, & c'eft M. le maréchal lui-même qui me l'adminiftre. Madame de Saint-Vincent s'étoit plainte à lui du peu de chaleur qu'on lui avoit dit qu'il mettoit à mon affaire. Je tiens à la main deux fragmens de lettres adreffées par lui à madame de Saint-Vincent, écrites de sa main, & qu'il n'a pas encore arguées de faux. Dans l'un, j'y lis ces mots : « ce n'est point Charlot qui » est un menteur ; je le connois ; il n'est pas capable » de dire des choses aussi contraires à toute vérité, » ayant vu la façon dont je lui parlois, *avec intérêt* ». Dans l'autre, où se trouve la date de *Paris*, *17 avril* : « vous êtes un peu étourdie de croire le » premier venu, hors moi, & de douter de ce que » je vous donne ma parole qu'il est très-vrai que » non-seulement j'ai parlé & traité l'affaire de Vedel » avec M. d'Aiguillon, mais que je me suis donné » la peine d'aller chez Charlot, l'examiner avec lui. » Je l'ai trouvé très-bien disposé : il a bien vu à quel » point je l'étois. M. de la Vauguyon le fait de » même ; & quiconque vous a dit le contraire, est » un fat & un menteur ».

Au reste, quand même M. le maréchal s'inscriroit encore en faux contre ces lettres ; quand même je ferois dans l'impuissance de faire la preuve à laquelle je me soumets ; quand même il feroit démontré que mon récit n'est pas vrai, ce ne feroit jamais une raison pour me croire coupable du faux dont m'accuse M. le maréchal.

Il est très-possible que ses promesses ne fussent pas bien sinceres, ni *l'intérêt* qu'il prenoit à moi bien *vif*, ni ses *sollicitations* bien *chaudes*. Je suis guerrier, & non pas courtisan ; je ne sais que servir mon prince & ma patrie, & je n'entends point le langage des cours, que l'on prétend être bien plus flateur que véridique.

véridique. Je m'en raporte à cet égard à M. de Richelieu lui-même, qui certainement en fait plus que moi ; & fur cet article, nous ne ferons pas divifés.

Ce qu'il y a de très-vrai, & ce qui eft bien démontré, c'eft que madame de Saint-Vincent me tint la parole qu'elle m'avoit donnée de s'intéreffer pour moi auprès de lui ; c'eft qu'elle lui écrivit en ma préfence une lettre de recommandation que je vis cacheter, & que je portai moi-même à la pofte ; c'eft que peu de tems après, elle me fit voir une réponfe obligeante, qu'elle me dit avoir reçue de lui ; c'eft qu'elle renouvella même fes inftances, & dans plufieurs autres lettres que je vis également, & de vive-voix lors des différentes vifites qu'il lui fit ; & que c'eft fur ces recommandations réitérées, qu'il fit ou du moins parut faire les démarches & les follicitations que je viens de rappeller.

Madame de Saint-Vincent fe trouvant ainfi liée avec moi, ne tarda pas à me communiquer une partie de ce qu'elle appelloit fes fecrets avec lui. J'avois fu, comme tout le public, que c'étoit M. le maréchal qui, par fon crédit, l'avoit tirée de Milhaud, pour la faire venir d'abord à Tarbes, & enfuite à Poitiers, où le fieur Auvray, fecrétaire de l'intendance, lui avoit fait préparer, par fes ordres, l'apartement qu'elle occupoit. Elle me montra des lettres de M. le maréchal, qui contenoient les plus grandes promeffes, & que je la voyois moi-

C

même recevoir des mains des couriers, tantôt de Bordeaux, tantôt de Paris, ou des autres lieux où il se trouvoit. Il y parloit sur-tout de sommes très-considérables qu'il devoit, disoit-il, lui faire toucher.

Il ne s'agit pas, quant à présent, d'examiner si ces lettres étoient sérieuses & réellement émanées de lui, ou si elles n'étoient qu'un jeu de l'imagination de madame de Saint-Vincent. C'est un point important que je discuterai par la suite. Je me borne, en ce moment, à rendre le compte le plus exaſt & le plus scrupuleux de tous les faits qui se sont passés sous mes yeux, & qui sont prouvés au procès. Or il est bien démontré par mes interrogatoires, par les informations, récolemens & confrontations, & M. le maréchal lui-même n'a pas pu disconvenir qu'en effet j'ai vu madame de Saint-Vincent recevoir des couriers, des lettres qu'elle m'a montrées comme écrites par M. le maréchal, & remplies de promesses de sommes très-considérables.

M. le maréchal promettoit beaucoup; mais madame de Saint-Vincent qui, dans l'espérance de l'accomplissement de ses promesses, ne laissoit pas de contraſter des dettes, se trouvoit avoir de pressans besoins, auxquels il faloit satisfaire. Par une suite de la confiance qu'elle avoit bien voulu prendre en moi, elle me fit part de ses embarras. Pénétré de reconnoissance de l'intérêt & de la chaleur que je lui voyois mettre dans ses sollicitations pour moi auprès de M. de Richelieu, je crus devoir lui offrir ma bourse. Elle l'accepta.

Il faut l'avouer; & madame de Saint-Vincent est trop franche & trop noble pour m'en savoir mauvais gré: née sous le plus beau climat de la France, où la sérénité du ciel & la pureté de l'air semblent porter ses habitans à sentir plutôt qu'à juger, & les inviter à la gaité plus qu'à la réflexion, cette dame n'a point dégénéré. Elle est bonne à l'excès, confiante, enjouée, compatissante, d'une sensibilité vive, & j'oserois presque dire impétueuse: & si toutes ces qualités jettent tant d'agrémens dans la vie sociale, si elles excluent nécessairement tout soupçon de *fausseté*, d'*atrocité*; il faut convenir aussi qu'elles sont bien plus propres à inspirer la générosité des procédés, qu'à introduire les regles de l'économie dans le gouvernement domestique.

Ma bourse fut bientôt épuisée; & je me vis obligé d'avoir recours à celle de mes amis, pour me mettre en état de continuer à obliger madame de Saint-Vincent. D'après ce que j'avois vu, j'étois si fortement persuadé de la véracité des promesses de M. le maréchal de Richelieu, qu'il n'y avoit point d'engagement, quelqu'onéreux qu'il pût être, que je n'eusse contracté pour tirer sa parente de la gêne momentanée où elle se trouvoit. Par quelle bisarre singularité des motifs si purs devoient-ils devenir la source d'un des plus horribles procès qui ayent jamais existé, & d'une des plus abominables persécutions dont un honnête citoyen ait jamais été la victime ?

M. le maréchal de Richelieu crie à l'imposture au sujet de ces prêts d'argent que j'ai cru devoir faire à madame sa cousine. A l'entendre (1), loin d'être en état de prêter, j'étois réduit à *vendre* mon *cabriolet*, à *mettre* ma *tabatiere en gage.* C'étoit madame de Saint-Vincent qui m'envoyoit *des provisions de bois & de ménage*, des *ressources pour chasser le malheur présent, & me mettre en état de payer mon mois.* Mes *prétendus prêts sont imaginaires.* Je ne les *ai jamais prouvés.* Je ne les *prouverai jamais, puisque je n'ai pu, dans mes interrogatoires, expliquer en quel temps, comment, & quelles sommes j'avois fournies. Le texte même des lettres* de madame de Saint-Vincent *resiste à l'interprétation forcée que j'y donne. Il n'y en a pas une seule qui suppose un pareil service. Elles ne présentent que des idées de dons & de bénéfices. Si* madame de Saint-Vincent *m'envoye des provisions de ménage,* elle me dit qu'*il faut que je m'accoutume à recevoir de petites choses, en attendant les grandes. Est-ce-là le langage d'un débiteur désespéré de ne pouvoir satisfaire un créancier embarrassé ?*

Le langage de M. le maréchal est-il celui d'un accusateur honnête & de bonne foi ? Je pourois me borner à cette réponse aussi simple que péremptoire : j'ai soutenu que madame de Saint-Vincent étoit ma débitrice : elle est convenue que j'étois son créancier d'une somme de 10000 livres, prêtée en différentes fois. J'en ai même sa reconnoissance en ma

____

(1) Mémoire contre madame de Saint-Vincent, pages 27 & 28.

poſſeſſion. La preuve du fait m’eſt acquiſe. Il n’y auroit qu’un autre créancier qui pouroit critiquer mes titres, s’il s’agiſſoit de la diſcuſſion des biens de madame de Saint-Vincent. Hors ce cas, nul n’a droit de les contredire. Et ſi M. de Richelieu prétend nier l’exiſtence de la dette de ſa parente envers moi, lui qui n’eſt point ſon créancier, lui qui eſt au contraire ſon débiteur, c’eſt ſur lui ſeul que tombe tout le poids de la preuve, par la raiſon que quiconque allegue, eſt tenu de prouver. Or, c’eſt ce qu’il ne fait point, c’eſt ce qu’il ne poura jamais faire.

Il y a plus : les motifs de ſa critique ſont autant de nouvelles preuves de la ſincérité de mes déclarations au ſujet de ma créance. Madame de Saint-Vincent m’engageoit à me défaire de ma voiture, à emprunter ſur ma tabatiere ; mais pourquoi cela ? uniquement parce qu’elle me ſavoit à la gêne pour lui avoir prêté ; parce qu’elle ſavoit que j’étois preſſé pour le rembourſement que je m’étois obligé de ſaire de mois en mois, de ce que j’avois emprunté pour elle, & qu’à cette époque je me trouvois hors d’état de payer le mois échu. J’ai encore conſigné ces faits dans mes interrogatoires, ſous la foi du ſerment. J’y ai expliqué de même le fait de l’envoi des proviſions de ménage. J’étois allé à Poitiers pour les affaires de madame de Saint-Vincent, qui m’en avoit prié de la part de M. de Richelieu. J’y étois reſté *incognito* pendant quelques jours. Ne pouvant ſortir, ni me rendre à l’hôtel où je mangeois ordinairement, &

prenois tout ce qui m'étoit néceſſaire, madame de Saint-Vincent voulut bien, par attention, m'envoyer, pendant ce peu de jours, du bois, du gibier, & du poiſſon. Et de ce qu'elle m'a mandé, lors de cet envoi, qu'*il faloit m'accoutumer à recevoir de petites choſes, en attendant les grandes*, qu'en pouvoit-on conclure? ſinon qu'elle ne ſe trouvoit pas alors en état de me payer, & qu'elle demandoit que j'attendiſſe, pour mon paiement, qu'elle eût reçu de M. de Richelieu les ſommes qu'il lui avoit promiſes. Mais ce qui acheve de conſtater la réalité de mes créances, c'eſt la lettre dont je parlerai dans un moment, qui m'a été montrée dans la ſuite par madame de Saint-Vincent, comme écrite à elle par M. le maréchal, au mois de novembre 1773, & par laquelle il lui mande qu'*il lui envoye des billets* dont *elle remettra l'un* à ſon *tiers* (qui eſt moi), *pour lui payer ce qu'elle lui doit*. Que cette lettre ſoit vraie ou fauſſe, elle n'en eſt pas moins une preuve que j'étois le créancier de madame de Saint-Vincent, & qu'elle me reconnoiſſoit pour tel. Le ſilence de nos lettres reſpectives au ſujet de mes créances, ne prouveroit donc rien contre moi. Il ne prouveroit donc autre choſe, ſinon que madame de Saint-Vincent ſe feroit peu occupée du ſoin de me rembourſer, tant qu'elle ſe feroit vue dans l'impuiſſance de le faire.

Aſſurément, je n'étois tenu d'expliquer, dans mes interrogatoires, ni à quelles époques, ni com-

ment j'avois prêté, ni quelles sommes j'avois fournies. C'étoient autant de faits absolument étrangers
au titre d'accusation, & sur lesquels la loi défendoit
à mon juge de m'interroger. Il ne peut donc résulter
de mon silence à cet égard aucune charge contre
moi, encore moins peut-on en conclure que mes
prêts à madame de Saint-Vincent sont des chimères.
Et j'observerai toujours que ces prêts, fussent-ils
des chimères, ce ne pouroit jamais être une raison
pour me juger coupable du crime de faux dont on
m'accuse. Mais revenons.

Il est constant que pour secourir madame de
Saint-Vincent, je m'étois prodigieusement gêné. Si
quelques-uns des amis auxquels je m'étois adressé,
ne me pressoient pas beaucoup, plus ils étoient
généreux envers moi, plus je sentois la nécessité
d'être juste envers eux, & de leur rendre ce qu'ils
m'avoient prêté. Je savois très-bien que madame
de Saint-Vincent, brouillée irrévocablement avec
sa famille, & n'ayant alors pour toute fortune que
la pension de cent louis que lui faisoit M. le prési-
dent son mari, ne pouroit gueres me rendre les dix
mille livres qu'elle m'avoit empruntées, sans l'accomplissement des promesses de M. le maréchal de
Richelieu. Je me vis donc obligé de la prier de re-
doubler ses instances auprès de lui, pour qu'il ne la
fît pas attendre plus long-tems. Je fis plus : comme
le tems s'écouloit toujours sans que rien arrivât, je
voulus voir les lettres qu'elle lui écrivoit, les voir

cacheter, les porter moi-même à la poste, me trouver chez elle à l'heure de l'arrivée des couriers, voir s'ils apportoient en effet des lettres de M. le maréchal, & les voir décacheter.

Madame la présidente de Saint-Vincent me permit même d'en ouvrir plusieurs; & je demeurai convaincu que M. de Richelieu lui promettoit réellement de très-grands & de très-promts secours.

Tous ces faits ont été encore attestés par moi, sous la religion du serment dans mes interrogatoires, & n'ont été contredits par personne, pas même par M. le maréchal, qu'on ne soupçonnera pas de me faire grace sur rien. Et ils sont une preuve incontestable de la bonne foi dans laquelle j'étois toujours au sujet des secours qu'il avoit promis à madame de Saint-Vincent.

M. le maréchal dit (1) que *les lettres* que *j'affirme avoir vu arriver par la poste, sont arguées de faux ; qu'il est impossible que je les aye reçues toutes ; que j'avoue en effet n'en avoir vu arriver qu'une partie; que rien ne prouve que ce soit celles qui parlent d'argent ; que si ces lettres sont fausses, il est faux que je les aye retirées de la poste ; qu'il est également faux que je prisse la précaution de mettre moi-même à la poste les lettres de madame de Saint-Vincent, plusieurs de ces lettres annonçant qu'elle les y faisoit porter par sa femme-de-chambre, ou par une*

____

(1) Mémoire contre le sieur de Vedel, page 24.

autre

autre femme, & qu'elle ne me les faisoit même pas lire, au moment de les faire partir.

Ici, autant de lignes autant de sophismes, & de sophismes plus révoltans les uns que les autres.

Que les lettres dont il s'agit soient vraies ou fausses, c'est ce qu'il faudra voir. Je ne dois pas, quant à présent, m'en occuper. Mais de ce qu'elles se trouveroient effectivement fausses, il ne s'ensuivroit nullement qu'il fût faux que je les eusse retirées de la poste. Car si madame de Saint-Vincent eût été capable de commettre habituellement des faux de toute espece, comme on a l'audace de le dire, elle auroit été capable aussi de prendre toutes les précautions nécessaires pour donner de la vraisemblance aux lettres qu'elle m'auroit assuré recevoir de M. le maréchal, pour les accréditer de plus en plus auprès de moi, pour m'en imposer au point de ne pouvoir pas en douter ; & par conséquent, elle auroit fort bien pu s'entendre avec quelqu'un de Bordeaux, ou de Paris, pour se faire parvenir, par son moyen, des lettres qu'elle se feroit écrites à elle-même sous le nom de M. le maréchal de Richelieu. Puisque celui-ci veut qu'elle soit si profonde, si exercée dans l'art du faux, je ne vois pas ce que cette idée pouroit avoir d'étrange. Je la trouve même, & je me flate que tout le monde la trouvera comme moi, très-naturelle dans l'hipothèse de M. le maréchal ;

D

hipothèfe horrible , abominable fans doute, mais très-conféquente à fon fiftème.

Je n'ai point dit que j'eufle reçu toutes les lettres adreffées à Poitiers à madame de Saint-Vincent. J'aurois dit une abfurdité, parce que madame de Saint-Vincent eft reftée dans cette ville plus long-tems que moi, parce qu'elle y a pu recevoir , même de mon tems, des lettres que j'aye ignorées. Mais celles que j'ai reçues en effet ne peuvent être que celles qui *parloient d'argent,* puifque c'eft fur cela que j'ai cru pouvoir lui prêter fans rifque. J'en dis autant relativement à celles de madame de Saint-Vincent à M. le Maréchal , que je mettois moi-même à la pofte. Je n'ai point affuré les y avoir toutes portées. J'aurois dit encore une abfurdité palpable ; car madame de Saint - Vincent pouvoit écrire , comme fans doute elle aura écrit bien des fois à M. le maréchal, fans que j'en fuffe rien , & certes, fans qu'elle eût envie de me montrer ce qu'elle lui écrivoit. M. le maréchal m'entend. Mais fi elle a fait porter *plufieurs* lettres à la pofte par fa femme-de-chambre ou par d'autres , elle ne les leur a donc pas fait porter toutes. C'eft donc moi qui ai porté les autres, puifque je l'affirme, qu'elle l'affirme auffi , & que M. le maréchal ne peut prouver le contraire.

Ce fut donc dans ces circonftances, que, fur la fin de l'année 1772 , ou vers le commencement de

1773 , je partis de Poitiers pour Paris, où m'apelloient mes affaires, & où je voulois folliciter moi-même auprès de M. de Richelieu la grace que j'attendois, & vérifier encore mieux, s'il étoit poffible, l'état des chofes relativement aux difpofitions que je me croyois fondé à lui fuppofer pour madame de Saint-Vincent.

Malgré les facrifices que j'avois faits pour elle, malgré la gêne étroite où je m'étois mis pour la tirer de peine, elle avoit d'autres créanciers qûi la preffoient plus que moi. Elle en écrivit à M. le maréchal ; & fur la réponfe qu'elle en reçut, elle partit pour Paris, fans rien payer de ce qu'elle devoit à Poitiers.

Arrivée dans la capitale, elle alla s'établir au monaftere de la Miféricorde, rue du vieux colombier. Dès que je l'eus apris, je lui rendis vifite. Elle n'y jouiffoit pas encore , à beaucoup près, de l'aifance fur laquelle elle avoit tant compté , quoique M. le maréchal vînt la voir & lui écrivît fouvent; mais elle m'affura & me fit voir par de nouvelles lettres dont elle me donna leĉure , qu'elle avoit les plus grandes efpérances d'un meilleur fort.

Quand je dis que M. le maréchal venoit fouvent la voir, ce n'eft point une fimple allégation, c'eft un fait conftant, avoué par lui-même ; & je fus témoin d'une de fes vifites. Ce point eft important & décifif. Il donnera l'explication des réticences de mon accufateur. J'aurai foin d'y revenir & de le déveloper, lorſque je difcuterai mes interrogatoires.

Tel étoit l'état des chofes, lorſqu'un jour du mois d'avril ou de mai 1773, étant entré chez madame la préſidente de Saint-Vincent, je lui trouve un air de gaité que je ne lui avois pas encore vu depuis qu'elle étoit à Paris. Elle me préſente dans le même moment un papier que je prends de ſes mains. Je le lis : c'étoit une eſpéce de mandat de 300000 livres à ſon profit, ſur un ſieur Peſchot, banquier, ſouſcrit du nom de M. le maréchal de Richelieu, & d'une écriture ſemblable à celle que j'avois vue tant de fois dans les lettres qu'elle me diſoit recevoir de lui. Ce mandat, dont je ne me rappelle point la date, étoit adreſſé à ce ſieur Peſchot, qui m'étoit inconnu. Il portoit, autant que je puis m'en ſouvenir : » Je prie M. Peſchot de payer à » madame la préſidente de Saint-Vincent les 300000 » livres qui lui apartiennent, & dont je le tiendrai » quite pour toujours. » Signé *le maréchal de Richelieu.*

J'étois, ce me ſemble, bien fondé à croire que ce mandat étoit réellement de M. de Richelieu lui-même : j'en félicitai madame de Saint-Vincent.

Cependant elle le fit voir à quelques autres perſonnes, qui, moins ignorantes que moi, s'aperçurent & lui dirent qu'il n'étoit point en bonne forme. Elle a toujours ſoutenu, comme elle ſoutient encore aujourd'hui, en avoir fait l'obfervation à M. le maréchal de Richelieu ; & que c'eft fur la réponfe qu'il lui fit, qu'elle pouvoit lui en donner un modele & qu'il le figneroit, qu'elle me pria de voir à lui procurer ce modele.

Je crus devoir m'adreffer à un homme plus inftruit que moi fur cette matiere, & je le priai, en préfence de madame de Saint-Vincent, & fans dire que la chofe la regardoit, ni M. de Richelieu, de me donner le modele d'un billet au porteur, que quelqu'un vouloit foufcrire au profit d'une dame ; ce qui fut fait auffi-tôt.

M. de Richelieu, dénué de moyens fur la calomnieufe accufation qu'il a hafardée contre moi, & fe flatant fans doute qu'un fimple lieutenant - colonel n'ofera foutenir un auffi terrible affaut contre un maréchal de France, en quoi je lui certifie qu'il fe trompe, a recours à toutes les petites rufes de guerre qu'il peut imaginer, & n'a garde de laiffer échaper les moindres avantages qu'il croit rencontrer fur fon chemin. Il penfe triompher en difant (1) que, fur ce modele de billet, je n'*ai confulté qu'un avocat rayé du tableau*; ce qui *eft la marche naturelle d'une intrigue.*

Mais d'abord, M. le maréchal ne peut pas ignorer qu'un lieutenant-colonel d'infanterie, qui paffe la moitié de fa vie en garnifon, l'autre moitié dans

______

(1) Mémoire contre madame de Saint-Vincent, pag. 129 ; & mémoire contre le fieur de Vedel, page 44.

sa province, & qui ne paroît à Versailles que deux ou trois minutes dans l'année, pour y tirer sa révérence au ministre, ne sait guère ce que c'est qu'une *intrigue*. M. de Richelieu n'est pas de bonne foi sur cet article.

En second lieu, quelle prise ne diroit-on pas que j'aie donnée sur moi, en m'adressant à un avocat rayé du tableau! ou plutôt quelle ridicule puérilité qu'une observation de cette nature! Je ne suis point domicilié à Paris, je suis un militaire qui n'entend point affaire; je me rencontre avec un homme d'environ cinquante-cinq ans, qui se dit avocat, qui en a tout l'extérieur: sais-je si cet avocat est rayé ou non du tableau? Suis-je obligé de le savoir? Suis-je seulement obligé de savoir s'il existe un tableau des avocats? Je le déclare: j'ignorois parfaitement tout cela. L'homme que je consultois m'a paru être instruit de ce que je lui demandois. Il n'en faut pas davantage pour prouver ma bonne foi; & mon ignorance sur sa maniere d'exister au palais, ne peut opérer aucune présomption contre moi.

Dès que le billet fut rédigé, madame de Saint-Vincent se hâta de l'envoyer à M. le maréchal; & peu de jours après, je revis le même billet entre les mains de madame de Saint-Vincent, muni d'une signature qui me parut, que je crois encore, & que je croirai toujours être celle de M. de Richelieu.

Autant que je puis me le rappeller, le billet étoit payable en septembre 1773; mais lors de l'échéance, j'apris d'elle que, s'étant préfentée pour recevoir fon payement, il lui avoit déclaré n'avoir point de fonds ; qu'enfuite, pendant plufieurs mois , & de jour en jour, il lui avoit promis de faire honneur à fa fignature ; & qu'il avoit fini par lui propofer de faire un autre billet à une échéance plus éloignée.

Dans la fituation où fe trouvoit madame de Saint-Vincent vis-à-vis de M. le maréchal, elle ne pouvoit s'empêcher d'accepter toutes fes propofitions. Elle imagina feulement qu'il feroit beaucoup plus commode à M. le maréchal de payer les 300000 livres, en cinq termes, qu'en un feul. Elle fit faire fix billets, un de la fomme entiere de 300000 livres, & cinq de 60000 livres chacun, & les envoya tous à M. de Richelieu dans une lettre, où elle le prioit de lui renvoyer figné, foit celui de 300000 livres, foit les cinq de 60000 livres chacun revenant enfemble à la même fomme de 300000 livres. Ceci fe paffoit dans le mois de novembre 1773.

Pour cette fois, ce n'eft point *un avocat rayé du tableau*, que confulte madame de Saint-Vincent. Les fix modeles de billets furent écrits & rédigés par Me Gariffon de la Tour , gentilhomme dont je fuis connu depuis longtems, citoyen d'une réputation intacte, d'une probité connue,& que je trouve, à ce moment même, infcrit, à la date du 23 mars 1735 , fur le *tableau des avocats au parlement de Paris*. C'eft un des témoins entendus dans les informations ; & fans doute il aura rendu compte du fait tel que je viens de l'énoncer.

J'étois préfent à cette opération. Je vis mettre fous envelope les fix billets avec une lettre de madame de Saint-Vincent, à l'adreffe de M. le maréchal duc de Richelieu. C'étoit la veille d'un dimanche ou d'une fête du mois de novembre. Je fus chargé du paquet ; je pris une voiture de place, accompagné de la femme de chambre de madame de Saint-Vincent, & je me fis conduire à l'hôtel, où je le remis au fuiffe. La femme de chambre, qui étoit avec moi, & qui ne m'a point quité dans le cours de ma commiffion, eft en état d'attefter le fait.

Le lendemain ou le furlendemain, je retourne chez madame de Saint-Vincent, curieux, comme on peut penfer, de favoir de quelle maniere les chofes avoient tourné. Je revois entre fes mains le billet de 300000 livres, & deux des cinq de 60000 l. chacun ; le tout paroiffant figné de M. le maréchal, avec le *bon pour* au bas, & accompagné d'une lettre de la même écriture que celle que j'avois toujours vue comme étant de M. de Richelieu.

Si c'eft lui-même en effet qui a écrit cette lettre, comme je l'ai cru dans le tems, comme je le crois encore, & comme je le croirai jufqu'à mon dernier foupir, voici en fubftance ce qu'il mandoit à madame de Saint-Vincent : » Je vous envoye, ma » chere coufine, votre billet figné, & deux. Avec

» l'un,

» l'un, vous payerez vos dettes ; vous remettrez
» l'autre à votre *tiers* (c'étoit moi fans doute
» qu'il défignoit par ce mot), pour lui payer ce
» que vous lui devez. Mais n'en parlez à perfonne,
» & n'en vendez point d'un an. J'aime toujours
» bien ma chere coufine «.

Je regarde avec attention : je reconnois parfaitement ces billets pour être les mêmes que j'avois
vus, que j'avois portés la veille à l'hôtel de Richelieu. Madame la préfidente de Saint-Vincent me
dit alors, qu'ils lui ont été apportés fous envelope,
avec la lettre, par Saint-Jean, l'un des laquais de
M. le maréchal ; & ce fait m'eft confirmé dans le
moment même, par l'abbé Froment, aumônier du
couvent de la Miféricorde, qui s'étoit trouvé préfent à l'inftant où le laquais avoit apporté le paquet.

Au refte, madame de Saint-Vincent me follicita
vainement de prendre un des deux billets de 60000
livres, conformément à la lettre de M. de Richelieu.
Je le refufai, en lui déclarant que je m'en tenois à
ma créance de 10000 livres. Cette créance, comme
je l'ai dit, eft conftatée par un billet. Je l'ai fait
voir, non feulement à plufieurs de mes camarades,
mais même à des perfonnes de la plus haute confidération, que, par refpeɕt, je dois m'abftenir de
nommer, mais qui fans doute me rendront juftice à
cet égard.

Voilà les faits tels que je les ai vus, tels que je
les ai atteftés fous la religion du ferment dans mes

E

interrogatoires, & fur lefquels je n'ai jamais varié, quelques piéges que m'ait tendus un juge qui n'inf- truifoit qu'*à charge.*

Or, d'après ces faits, je demande au plus incré- dule de tous les hommes, comment il m'auroit été poffible de ne pas être perfuadé que les billets avoient été réellement fignés par M. de Richelieu.

Je fuis franc. J'ai toujours paffé pour un homme droit & ferme, incapable de faire fléchir la fincérité fous l'empire des circonftances. Je dirai donc la vé- rité, même à mes dépens, même vis-à-vis de M. le maréchal, qui ne la dit pas, & qui cependant fait fort bien en profiter contre ceux qui la difent. Je fuis donc convenu de bonne foi que madame de Saint- Vincent me dit alors que M. de Richelieu lui avoit toujours recommandé de ne point parler de ce qu'il faifoit pour elle, & fur-tout de ne point négocier fon papier.

Le preffant befoin dans lequel elle fe trouvoit la força fans doute d'en ufer autrement. Elle pria l'abbé Froment de lui procurer, s'il étoit poffible, la vente de l'un des deux billets de 60000 livres.

On s'adreffa au fieur Preville, caiffier des pou- dres, par l'entremife de Me Guefpereau, notaire, fon gendre. Ce particulier voulut, avant de fe dé- cider à efcompter le billet, s'affurer fi la fignature étoit véritablement celle de M. de Richelieu. Rien n'étoit plus jufte. La vérification s'en fit, en préfence du fieur Preville, chez Me Dumoulin, notaire de M. le maréchal, qui ne balança pas un inftant à certifier la sincérité de la signature. D'après quoi la négociation eut lieu.

Je n'avois plus besoin de nouveaux motifs de crédibilité. Cependant, lorsque madame de Saint-Vincent m'aprit cette négociation, à laquelle je n'avois pris aucune part, c'en fut un pour moi, comme c'est une preuve de plus, de la bonne foi dans laquelle j'étois, quand, par la suite, je me suis mêlé d'une autre négociation.

Cette opération faite, il restoit encore, comme on voit, à madame de Saint-Vincent, le billet de 300000 livres, & l'un des deux de 60000 livres. Le premier lui parut toujours être d'une somme trop forte pour ne pas gêner M. de Richelieu lors de l'échéance, ou pour s'en procurer aisément la valeur dans le cas où elle voudroit en disposer. Elle le fit couper en différens billets de 20, 25, 30, 35, 40 & 45000 livres, dont elle fit faire les modeles, que je la vis raporter comme signés de M. le maréchal, qui les lui avoit remis chez lui, en même tems qu'elle avoit déchiré en sa présence, me disoit-elle, celui de 300000 livres.

Mais il paroît que les dettes qu'elle avoit cru pouvoir être en état de contracter, ou les dépenses qu'elle vouloit faire, depuis qu'elle voyoit enfin s'accomplir les promesses de M. le maréchal, excédoient le produit du billet de 60000 livres vendu au sieur Preville. M. de Richelien n'ayant point été instruit de cette premiere vente, qui étoit demeurée fecrette ; elle efpéra fans doute qu'il pouroit ne pas l'être davantage d'une feconde.

Au mois de mai 1774, elle me prie de lui aider à celle qu'elle defiroit de faire d'un des billets qui lui reftoient : c'étoit celui de 25000 livres. Je trouve un homme qui m'en procure la négociation chez Rubit, marchand-mercier-tailleur du roi, rue faint-Honoré. Ce marchand fait d'abord, comme de raifon, la même difficulté qu'avoit faite le fieur Preville. Il veut vérifier la fignature du billet, parce qu'il ne me connoît pas, & qu'il ne connoît pas davantage M. le maréchal. Je l'accompagne, moi & l'agent de la négociation, jufqu'à la porte de Me Dumoulin, notaire, chez lequel ils entrent, tandis que je refte dans la voiture. Ils me rejoignent l'inftant d'après, en me difant que le billet eft bon, & que le notaire l'affure tel.

Rubit femble cependant avoir encore quelque doute. Il balance, il héfite. Pour le déterminer, je lui permets fur le champ, je l'invite, qui plus eft, à fe tranfporter à l'hôtel de Richelieu, pour y faire la vérification vis-à-vis de M. le maréchal en perfonne, pourvu feulement qu'il ait l'attention d'être difcret auprès de fes gens, & de ne leur point parler de l'objet de fa vifite.

Non-feulement Rubit n'eft pas difconvenu de ce fait important, non-feulement il l'a formellement avoué, fous la foi du ferment, dans fon interrogatoire ; mais il réitere librement cet aveu dans le

mémoire imprimé qu'il vient de publier, & qui est revêtu de sa signature. « J'étois jaloux, dit-il (1),
» de n'omettre aucune des précautions que la pru-
» dence & l'honnêteté pouvoient exiger de moi.
» Je ne voulois pas qu'à l'échéance de ces billets,
» M. le maréchal pût m'accuser de les avoir acquis
» par des voies suspectes. Je proposai donc à mes
» deux conducteurs, en sortant de chez le notaire,
» de me laisser le billet vingt-quatre heures, afin
» de prévenir M. le maréchal. Loin de paroître
» embarrassés de cette proposition, loin de mar-
» quer aucune répugnance, ils me confierent le
» billet, en me recommandant de parler à M. le
» maréchal de Richelieu lui-même, dont l'inten-
» tion étoit que personne ne fût instruit de ses en-
» gagemens envers sa parente ».

Cette déclaration solemnelle de Rubit ne doit pas être suspecte à la justice, puisqu'il n'est pas accusé d'avoir coopéré au prétendu faux. Elle ne doit pas l'être à M. de Richelieu, puisque Rubit, effrayé sans doute de l'appareil d'une instruction criminelle, loin de servir Madame de Saint-Vincent ni moi, n'a cherché qu'à se tirer d'affaire, en altérant, en dénaturant, en déguisant, au profit de M. de Richelieu lui-même, les autres faits qui s'étoient passés sous ses yeux.

Muni du billet, Rubit se transporte à l'hôtel. Il réitere bien des fois la même démarche, & tou-

____

(1) Mémoire pour le sieur Rubit, contre M. le maréchal de Richelieu, page 10 & suivantes.

jours inutilement. Peu accoutumé à se présenter aux portes des grands seigneurs, il ne sait pas qu'un suisse , des valets de chambre, des laquais, ont ordinairement leurs oreilles dans leurs mains, & que pour s'en faire entendre, c'est de la poche qu'il faut leur parler. Le silence de la sienne le fait rebuter de toutes parts. Il ne peut parvenir jusqu'à M. le maréchal; ou bien M. le maréchal lui-même, informé peut-être du sujet de sa visite, ne veut point le voir, afin de se ménager une ressource, si l'on vient quelque jour réclamer le paiement de ses billets.

Cette étrange affaire devoit donc être, comme tant d'autres, un exemple des grands événemens par les petites causes. Car si Rubit n'eût pas eu le malheur d'ignorer le langage des portes & des antichambres, il parloit à M. le maréchal, il l'instruisoit de ce qui se passoit; & si la négociation de ses billets, vrais ou faux, lui eût déplu, il venoit sur le champ la reprocher à madame de Saint-Vincent, ou comme une indiscrétion, ou comme une *friponnerie* ; moi-même, je m'expliquois avec lui, s'il m'eût adressé quelque plainte; tout étoit arrêté, tout étoit fini, tout étoit enseveli dans le plus profond mistere ; & M. de Richelieu ne feroit pas aujourd'hui réduit à faire vis-à-vis de moi le triste personnage de calomniateur, pour parvenir à sortir d'un procès dans lequel, fût-il aussi juste qu'il est inique, je ne devois jamais entrer pour rien.

Rubit revient donc à moi, fatigué de tant de vaines courses. Pour suppléer, autant qu'il lui étoit possible, à une certitude émanée de M. de Richelieu lui-même, il me propose de lui garantir sa signature par un écrit de ma main. J'y consens aussi-tôt, & la négociation se termine.

Si ces derniers faits n'établissent pas, ne démontrent pas invinciblement aux yeux de mes juges, du public & de M. de Richelieu lui-même, la bonne foi dans laquelle j'étois alors, dans laquelle j'ai toujours été, que les billets que je voyois entre les mains de madame de Saint-Vincent, étoient réellement signés de lui, quel sera l'accusé qui poura jamais se flater de faire triompher son innocence ?

Après cette négociation, la seule dont je me sois mêlé, Rubit en fit une seconde. Il consentit à prendre deux autres billets, montans ensemble à 55000 livres. Il donna pour tout cela de l'argent, des meubles dont avoit besoin madame de Saint-Vincent, & des marchandises qui furent vendues par des huissiers-priseurs.

Il se fit encore une autre vente de billets, mais à laquelle je n'eus absolument aucune part. Car je le répete, & je supplie qu'on veuille bien y faire attention, je n'ai coopéré qu'à la premiere négociation de Rubit. Je dois avouer seulement, & cela pour être aussi exact que je l'ai promis, que, toujours comme mandataire de madame de Saint-Vincent, je proposai, en différentes fois, à la dame Leroy, négociante, d'efcompter ou de faire efcompter deux ou trois des billets qui reftoient. Mais la dame Leroy n'ayant pu, ni par elle-même, ni par d'autres, trouver le moyen de fondre ces effets que je lui avois confiés avec la même bonne foi que j'avois confié à Rubit celui de 25000 livres, elle me les rendit, & je les remis moi-même à madame de Saint-Vincent. M. le maréchal de Richelieu ne contredit aucun de ces faits.

Cependant un précipice affreux fe creufoit fous mes pas fans que je puffe m'en apercevoir. M. le maréchal étoit à fon gouvernement depuis le mois de juin, & ne favoit, ou ne paroiffoit favoir rien de ce qui fe paffoit ici. Il eft enfin inftruit. On lui mande à Bordeaux qu'il court dans Paris des billets fous fon nom, & qui s'efcomptent fur la place comme fignés de lui.

Si les billets euffent été faux, M. le maréchal, avec fon caractere impétueux, irafcible, devoit entrer en fureur, quiter fon gouvernement, accourir à Paris, tonner de toutes parts, & crier de toutes fes forces, comme le vieillard dont on a volé la caffette : *je veux faire pendre tout le monde.* Au lieu de tout cela, il prend tranquillement la plume, il écrit froidement à madame fa coufine, par Marion, fon intendant, qui lui apporte la lettre le 16 juillet; il lui mande, non pas qu'il eft étonné d'aprendre qu'elle dife avoir des billets de lui, non pas qu'il ne lui a point fait de billets, non pas que les billets

qui

qui courent fur la place font faux; mais il prie ami-
calement *fa chere coufine*, de fe joindre à fon intendant' & au magiftrat de police, & de les aider à
découvrirce *maquignonage*, ou cette *maquignonerie*.
C'eft le terme dont il fe fert; & il eft important de le
remarquer. A la vérité, fentant combien cette ex-
preffion pouvoit déceler la fincérité des billets, il
auroit bien voulu pouvoir y fubftituer après coup
le mot de *friponnerie*; mais celui de *maquignonage*
eft refté profondément gravé dans la tête de Rubit,
dans la mienne, dans celle de plufieurs autres perfonnes, ainfi qu'on en eft convaincu par les interrogatoires; & tous ceux qui ont vu la lettre de M.
le maréchal, atteftent que tel étoit leterme qu'il y
avoit employé.

Ainfi, dans ce premier moment toujours fi décifif, où l'homme qui n'a point le tems de réfléchir,
de fe replier fur lui-même, fe montre ordinairement
tel qu'il eft, & laiffe voir, malgré lui, tout ce qui
fe paffe dans fon ame, M. de Richelieu ne fe plaint
point qu'on ait fait de faux billets fous fon nom,
mais fimplement qu'on mette fur la place & qu'on
livre aux négociations publiques, des billets qu'il ne
difconvient pas d'avoir foufcrits. Madame de Saint-
Vincent eft bien ici la victime de fon inconfidération
& de fa légéreté ordinaires. Nous avons, elle & moi,
le malheur, qu'elle n'a pas confervé cette lettre, non
plus que beaucoup d'autres, dont nous aurions tiré
les plus grands avantages. Que madame de Saint-

Vincent me permettre de le dire : telle est son habitude, elle garde avec soin les écrits qui l'amusent, & ne fait aucun cas de ceux qui pouroient lui être utiles.

Voilà donc M. de Richelieu bien assuré qu'on négocioit ses billets, malgré l'espece de défense qu'il en avoit faite à madame de Saint-Vincent. Que fait-il alors ?

Au lieu de chercher à retirer ses billets du commerce, s'il étoit vrai qu'il les eût signés; ou de les inscrire de faux en justice réglée, s'ils étoient supposés, ce qui étoit la seule marche que lui indiquoit la loi dans le dernier cas; il obtient, c'est-à-dire, il prend un ordre, en vertu duquel il fait traîner, le 25 juillet, madame de Saint-Vincent, dans ces prisons terribles qui ne s'ouvrent ou ne doivent jamais s'ouvrir que pour les accusés de crime d'état. En même tems, il fait faire perquisition chez elle, ou plutôt il fait exercer dans son apartement la plus odieuse & la plus effrayante inquisition ; il fait enlever tous ses papiers, même les plus secrets, même ceux qui n'avoient raport à aucune espece d'affaire & qui ne concernoient que sa personne, même ceux qui pouvoient opérer sa justification.

On procéde à une instruction clandestine, despotique, illégale en soi, & plus illégale encore par les motifs & les circonstances qui y donnoient lieu. On fait subir interrogatoire à madame de Saint-Vincent dont on ne tire, à la vérité, aucun aveu; mais on a foin d'appeller le nommé Guillaume, ce fameux expert-écrivain, qui n'a jamais eu le chagrin de trouver un innocent. Il arrive, accompagné d'un adjoint, le nommé Liverloz, voué, comme lui, aux intérêts de M. le maréchal; & tous deux, d'un trait de plume, furtivement, & fans être contredits par perfonne, décident, dit-on, que les billets font faux. Pour donner plus de poids à cette décifion, de maniere qu'elle puiffe frapper fur madame de Saint-Vincent, toutes les perfonnes qui ont vu ou tenu les billets, ou qui en ont eu connoiffance, ont ordre d'en aller faire leurs dépofitions, ou déclarations devant un commiffaire.

Quant à moi, j'aprens que je dois recevoir une lettre de M. de Sartine, alors lieutenant de police, qui defire de me voir chez lui. Je n'attens pas. J'y cours. Je lui expofe tout ce que je fais. Il voit mon honnêteté, ma bonne-foi, ma franchife; & ce magiftrat d'un fens fi exquis, d'une prudence fi rare, cet homme fi profond dans l'art de connoître les hommes, qui, dans les tems les plus difficiles, a fû tout à la fois conferver l'amour du citoyen & remplir le vœu de l'autorité, fe borne à me renvoyer chez moi, après m'avoir entendu, & me dit fimplement d'aller, comme les autres, faire ma déclaration chez le commiffaire. Il me charge même d'une lettre pour cet officier. J'exécute fur le champ fa commiffion. Le commiffaire reçoit la lettre, & m'avoue, après l'avoir lue, que le magistrat lui mande de suspendre ses opérations, mais qu'il y en a déja une de faite. C'étoit l'enlevement de madame de Saint-Vincent. Il reçoit ensuite ma déclaration. Me voilà témoin. Je déclare, je certifie tout ce que je sais, tout ce que j'ai vu ; mais malheureusement, tout ce que je sais, tout ce que j'ai vu, tend à la décharge de l'accusée : je serai bientôt accusé moi-même.

Je ne dois entrer dans aucun détail sur cette premiere partie des procédures, quoique peut-être plus horrible encore que tout ce qui a suivi, sur cette espece d'assassinat moral, bien plus cruel que l'autre, qui vous conserve au moins l'honneur en vous ôtant la vie. C'est aux défenseurs de madame de Saint-Vincent à faire connoître toutes ces atrocités exercées contre une femme de la premiere qualité, que M. le maréchal de Richelieu lui-même s'honore d'avoir pour parente. J'observerai seulement que c'est quand on s'est ainsi rendu maître de tous les papiers qui pouvoient servir à la justification de madame de Saint-Vincent, que l'on consent à la réintégrer chez elle.

Calomniateurs indiscrets, qui courez folement vous égarer dans les voies judiciaires, & vous perdre à la lueur trompeuse du fanal de la loi, aprenez à connoître ici le génie & les ressources de votre art. Si vous voulez accuser, gardez-vous de commencer par vous plaindre aux ministres de la justice. Elevez-vous au-dessus des idées vulgaires. Adressez-vous

d'abord à l'autorité. Trompez la vigilance bienfai-
fante du prince. Qu'il croye faire un acte de prudence ou d'humanité, en vous laiffant violer les
droits facrés des citoyens. Arrachez-les à leurs foyers,
à leurs familles, à leurs amis, à leurs protecteurs.
Traînez-les dans les cachots, avant qu'ils fachent quel
crime vous prétendez leur imputer. Livrez leurs papiers à la plus infidele comme à la plus févere in-
quifition. Emparez-vous de tout ce qui pouroit
fervir à faire triompher leur innocence. Sachez fup-
pléer à ces tribunaux de fang élevés & foudoyés
ailleurs par le fanatifme & la fuperftition, & qui
manquent en France à vos fureurs. Forcez comme eux
vos victimes à s'accufer elles-mêmes ; & quand vous
ferez pleinement affurés d'avoir écarté tout ce qui
pouvoit vous nuire ou les fauver ; à la bonne heure,
feignez un inftant de leur rendre la liberté ; puis
pourvoyez-vous devant leurs juges naturels, puis
faites décréter, puis faites emprifonner. Alors vous
pourez réuffir ; &, comme vous favez, tous les fuc-
cès font légitimes.

Je viens de le dire : je n'avois paru que comme
témoin dans l'inftruction ténébreufe de la baftille.
M. le maréchal de Richelieu fe détermine enfin à
prendre au moins l'apparence de voies plus légales.
Les 27 du même mois de juillet & 14 août fuivant,
il rend plainte en faux principal, & requiert l'ap-
pofition des fcellés fur les effets & papiers de toutes
les perfonnes *qu'il plairoit* au lieutenant criminel du
châtelet de décréter.

M. de Richelieu prétend donc alors, pour la premiere fois, que ce n'eſt point lui qui a ſigné les billets dont madame de Saint-Vincent étoit en poſſeſſion ; & c'eſt ici que va commencer une procédure monſtrueuſe, dont il n'y a peut-être jamais eu d'exemple en France, & où la moindre faute du juge inſtructeur eſt d'avoir foulé aux pieds ces formalités ſacrées, qui ſont la ſauve-garde du citoyen accuſé.

Sur la plainte de M. le maréchal, on procede à des informations, dans leſquelles il ne fait entendre que des témoins qui lui ſont totalement dévoués, tels que ſes domeſtiques, ſes ouvriers, ſes fourniſſeurs, ſon banquier, ſon notaire, & d'autres gens non moins ſuſpects & tout auſſi reprochables. Ils dépoſent, non pas que les billets étoient faux, cela étoit impoſſible ; mais les uns, qu'ils ont vu madame de Saint-Vincent calquer, contre-tirer des écritures à la vître ; les autres, qu'elle a fait négocier par différentes perſonnes, & que différentes perſonnes ont vu & touché des billets qu'elle avoit entre les mains, ſouſcrits du nom de M. le maréchal de Richelieu, & qui ſont les mêmes que ceux contre leſquels il s'inſcrit en faux. Ils dépoſent également que j'ai eu part à la négociation de quelques-uns de ces effets, comme ſi cette négociation, à laquelle je n'avois aucun intérêt perſonnel, & dont je ne m'étois mêlé que pour obliger madame de Saint-Vincent, pouvoit jamais être réputée un crime, quand même les billets ſeroient jugés faux.

D'après ces informations, qui, comme on voit, ne conſtatoient nullement le prétendu corps de délit, & ſur les concluſions du miniſtere public, huit décrets rigoureux ſont lancés par le lieutenant criminel du châtelet contre huit perſonnes domiciliées, le tout *aux riſques, périls & fortunes de M. le maréchal de Richelieu ;* clauſe incroyable, & par laquelle ſans doute le juge comptoit ſe mettre à l'abri des ſuites de l'iniquité d'une pareille procédure. En même tems les ſcellés ſont appoſés ſur les effets & papiers des décrétés.

On eût dit que les billets de M. le maréchal étoient un taliſman funeſte, qui imprimoit tout-à-coup le caractere de la réprobation publique ſur le front de quiconque avoit eu le malheur de les toucher ; ou plutôt, comme la tête de Méduſe, qui changeoit en pierre ceux qui la regardoient, ils transformoient d'innocens en criminels ceux qui avoient ſeulement oſé les voir. L'abbé de Villeneuve, jeune eccléſiaſtique, homme de qualité, neveu de madame la préſidente de Saint-Vincent, la dame Leroy, négociante, & pluſieurs autres, dont toute la faute étoit d'avoir jetté les yeux ſur les billets de M. le maréchal, furent atteints, comme madame de Saint-Vincent & moi, des malignes influences de cette vertu taliſmanique, & décrétés comme nous de priſe de corps.

Le 16 août, on vient fouiller chez moi. On ſe ſaiſit de tous mes papiers, ſur leſquels on appoſe le

ſcellé. Quantité de lettres de madame de Saint-Vincent & de moi nous ſont enlevées, quoiqu'abſolument
étrangeres à l'accuſation de faux , quoiqu'elles ne
fuſſent propres qu'à devenir l'objet d'une diffamation
auſſi atroce qu'inutile. On nous traîne ignominieuſe-
ment dans les priſons, elle réſidente dans un monaſtere,
elle femme de la premiere qualité; moi domicilié,
moi lieutenant-colonel, moi décoré d'une des croix
dont mon accuſateur eſt décoré lui-même, moi
enfin dont juſqu'alors perſonne ne s'étoit jamais
plaint, dont juſqu'alors le nom pur & ſans tache
n'avoit jamais été prononcé dans aucun tribunal;
& tout cela, non-ſeulement ſans que je fuſſe prévenu
d'aucun crime, mais même, je le dis encore, ſans
qu'il y eût aucun corps de délit conſtant.

Arrivé dans les priſons du châtelet, on me jette
dans un cachot, on me met *au ſecret* comme le plus
vil des criminels, comme un miſérable digne du
dernier ſupplice; & parce qu'on avoit réſolu de
violer toutes les regles à mon égard, on m'y tient
pendant trois jours ſans m'interroger, quoique les
loix ordonnent que tout priſonnier ſoit interrogé
dans les vingt-quatre heures.

Je l'ai déja dit deux fois, & je ne puis trop le répéter, point de corps de délit conſtant alors : d'un côté,
la négociation des billets argués de faux n'étoit point
un délit; d'un autre côté, le délit ne pouvoit réellement être regardé comme exiſtant, qu'autant que
le faux ſe fût trouvé conſtaté, ou tout au moins at-
teſté

tefté par des experts, d'après les procédures &
toutes les formalités prefcrites par les ordonnances;
opération qui n'avoit pas encore été faite, ou, ce
qui revient au même, n'avoit été faite que dans une
inftruction extrajudiciaire, à laquelle je n'avois pas
été appellé.

Le 19 août, je fubis enfin un premier interrogatoire. Le 23, le procès eft réglé à l'extraordinaire.
Je vais être jugé fur une procédure de grand criminel. Les 1er, 3 & 4 octobre, je fuis interrogé de
nouveau, & toujours point de corps de délit conftant. O loix! loix de mon pays! qu'étiez-vous de-
venues?

Et que réfulte-t-il de ces interrogatoires monf-
trueux, où le fieur Bachois, lieutenant criminel,
qui ne devoit faire fes interrogats & recevoir mes
réponfes qu'avec cette impaffibilité qui caractérife
le vrai juge, n'a pas craint de flétrir la dignité de fon
tribunal, en fe livrant à la plus aveugle partialité, à une
chaleur de paffion & d'intérêt qu'on trouve à peine
dans la défenfe de M. le maréchal de Richelieu?

Malgré les piéges qu'il m'a tendus, malgré les
détours artificieux dans lefquels il m'entraînoit pour
me faire tomber en contradiction avec moi-même,
il ne réfulte de mes réponfes aucune charge contre
moi, aucun aveu qui puiffe faire feulement foup-
çonner la complicité qu'on a l'audace de m'imputer, dans le prétendu faux dont eft accufée madame
de Saint-Vincent. On en fera convaincu par la dif-

cuſſion que j'en ferai lors du dévelopement de mes moyens. Car, pour donner une idée de la licence effrénée qui juſqu'à préſent a régné dans cette affaire, il faut dire que, non ſeulement les interrogatoires ont été communiqués à l'accuſateur, mais qu'on lui a permis de les faire imprimer, publier & débiter dans toute la France. Choſe inouie juſqu'alors! & qui n'a ſervi qu'à diffamer une femme de la premiere qualité, parente de l'accuſateur même; une une femme..... Et c'eſt de l'auteur de ſes foibleſſes & de ſes infortunes, que part cette horrible diffamation! Mœurs de nos peres! courtoiſie, loyauté, diſcrétion, gardiennes & conſervatrices de l'honneur de ce ſexe auquel le nôtre ne pardonne rien, vous ſerez vangées, ſi tout n'eſt pas perdu parmi nous!

Tant d'abus, tant de vexations, tant d'horreurs ſont incroyables ſans doute; mais on ceſſera d'en être étonné, quand on ſaura que c'étoit Marion, tout à la fois intendant de M. le maréchal & greffier du châtelet, qui ourdiſſoit la trame des procédures, & verſoit l'or à pleines mains ſur tous les ſuppôts du cabinet criminel.

Il eſt tems enfin de ſonger à faire conſtater un corps de délit, quand on a informé, décreté, empriſonné, interrogé, recolé, confronté; & que ces opérations ont occupé le juge pendant trois mois.

On ſe rappelle que Guillaume avoit doctement décidé à la baſtille, que les billets étoient faux; mais ſon avis avoit été tenu ſecret. Ce digne homme sentit très-bien, qu'en justice réglée, il n'y avoit pas moyen de se servir ouvertement de cet avis. Mais pour en conserver tout l'avantage à M. le maréchal, on présenta pour nouveaux experts les nommés Paillaisson & Potier, de la docilité desquels on étoit assuré. Ils furent nommés. Le juge, pour avoir une piéce de comparaison, ordonna que M. de Richelieu feroit à son gré un corps d'écriture ; ce qui fut exécuté. Et enfin, le 16 novembre les experts donnerent leur travail.

Je ne parle point ici des dépositions des témoins, de la confrontation de ces témoins à moi, des opérations des experts. Je réserve cette matiere à l'apui de mes moyens que je vais bientôt déveloper.

Cependant, indigné de me voir dans les fers pour un délit chimérique, je m'étois déja rendu apellant de toute la procédure ; madame de Saint-Vincent avoit fait de même, ainsi que les autres accusés ; lorsqu'est enfin arrivé cet événement à jamais mémorable dans les fastes de notre monarchie, où la sagesse du Prince a fait sortir les loix de ce profond assoupissement dans lequel elles étoient plongées depuis si long-tems. Réveil terrible, qui fait pâlir & frissonner mes calomniateurs ; réveil heureux, qui va m'assurer à jamais mon honneur & ma liberté.

Madame de Saint - Vincent a présenté sa requête en la cour, en nullité de la procédure du châtelet, en prise à partie contre le sieur Bachois, lieutenant criminel, en ſubornation de témoins contre M. le maréchal de Richelieu ; & cette derniere accuſation m'a procuré l'avantage ineſtimable d'avoir pour juges, le parlement aſſemblé, les chefs de la nobleſſe, & tout ce que la nation a de plus auguſte & de plus impoſant.

Accuſé de complicité dans le faux imputé à madame de Saint-Vincent, j'ai demandé, comme elle, & la nullité des procédures, & la priſe à partie. Je me flate d'avoir démontré, dans ma requête imprimée (1), entr'autres vices fondamentaux,

Que c'eſt contre toutes les regles, qu'après avoir dépoſé comme témoin dans l'inſtruction de la baſtille, j'ai été transformé en accuſé dans l'inſtruction du châtelet.

Que c'eſt contre le texte de l'ordonnance criminelle, qu'après avoir été décreté & empriſonné, le 16 août 1774, on ne m'a fait ſubir interrogatoire que le 19, tandis que je devois être interrogé dans les vingt-quatre heures.

Que c'eſt contre l'eſprit & la diſpoſition des ordonnances, que, moi domicilié, moi vivant dans une profeſſion reſpectable, j'ai été mis aux fers, ſans être prévenu d'aucun crime qui méritât peine afflictive ou infamante, ſans qu'il me fût imputé autre choſe que d'avoir aidé à vérifier les ſignatures des billets, de les avoir cru vraies ſur la foi du notaire

___

(1) Voyez la requête imprimée du ſieur de Vedel, en nullité de la procédure du châtelet, & en priſe à partie contre le ſieur Bachois.

& d'autres perfonnes attachés à **M.** de Richelieu, & d'avoir coopéré à la négociation d'un de ces billets.

Que c'eft contre tous les principes de l'ordre judiciaire & du droit naturel, que mon decret de prife-de-corps a été décerné *aux rifques, périls & fortunes de M. le maréchal de Richelieu*; puifque, fi l'on admettoit une pareille claufe dans les inftructions criminelles, il n'eft point de citoyen qui pût être en fûreté chez lui, & qui ne fût à la merci du premier calomniateur affez riche, ou affez élevé en dignité, pour le vexer fans courir de *rifques*.

Que c'eft encore contre le droit naturel & la difpofition des loix, que j'ai été décreté & emprifonné fans qu'il y eût un corps de délit conftant, puifque le corps de délit, s'il en exiftoit un, ne pouvoit être cenfé conftaté que par les dépofitions des témoins, & par un raport de témoins-experts dreffé juridiquement ; & que le decret eft du 16 août ; le réglement à l'extraordinaire, du 23 du même mois ; & le raport des experts - écrivains, du 16 novembre 1774.

Que c'eft enfin par contravention aux maximes les plus conftantes de notre légiflation criminelle, que j'ai été interrogé, & que le premier juge a inftruit fur des faits totalement étrangers à la plainte de **M.** le maréchal & à fon titre d'accufation ; c'eft-à-dire, fur mes liaifons avec madame de Saint-Vincent, & fur notre correfpondance compofée de lettres &

pieces qui n'avoient aucune analogie au prétendu crime de faux, qui ne concernoient que nous-mêmes.

J'ai donc demandé, non-seulement la nullité de la procédure, ma liberté, la prife à partie contre mon premier juge, mais encore des dommages & intérêts proportionnés au tort que m'ont fait tant de vexations; & j'ai droit d'efpérer que ces objets, fi clairement établis, ne fouffriront aucune difficulté.

Il s'agit maintenant de difcuter le fonds même de l'accufation, & de répondre aux libelles diffamatoires publiés contre moi par M. le maréchal de Richelieu. J'entends mes juges & mes lecteurs fe dire à eux-mêmes : comment eft-il poffible qu'un homme dont l'innocence paroît fi bien prouvée, languiffe depuis neuf mois dans les prifons ? Ne dérobe-t-il rien aux regards de la juftice ? N'y a t-il pas quelqu'action fecrete, quelque miftere d'iniquité qui foit la caufe d'une rigueur auffi exceffive ?

Ah ! daignez, daignez m'entendre jufqu'à la fin. Je fuis vrai, je ferai clair. Je ne laifferai rien à defirer pour ma juftification.

MOYENS.

Trois propofitions.

N'AURAI-JE pas en effet rempli toute l'étendue de mes engagemens, fi je parviens à démontrer;

Premierement, qu'il n'exifte aucune preuve juridique du faux dont fe plaint M. le maréchal de Richelieu.

Deuxiemement, que quand la preuve exifteroit, il n'en réfulteroit pas que madame de Saint-Vincent fût auteur de ce faux.

Troifiemement, qu'en fuppofant même, contre toute évidence, que madame de Saint-Vincent foit coupable du prétendu faux, je n'en ai eu, ni pu avoir aucune connoiffance, & conféquemment n'en fuis, ni n'en peux être complice.

C'eft à cette triple difcuffion que je vais me livrer.

POUR donner à la matiere des accufations de faux toute la clarté dont elle eft fufceptible dans notre légiflation, il eft effentiel de remarquer d'abord une diftinction à laquelle il femble qu'on ne fonge pas affez, & qui cependant devroit être regardée comme un principe fécond & lumineux, propre à réfoudre la plùpart des difficultés qu'on s'eft toujours faites fur la nature des preuves qu'exigent ces accufations.

Il faut diftinguer deux fortes de faux : l'un qu'on peut appeller faux *moral*, parce qu'il ne peut être aperçu par les fens, fur l'acte où il a été commis ; l'autre qui fe nomme ordinairement faux *phifique* ou *matériel*, parce que l'on fuppofe que fon exiftence peut être conftatée par l'infpection de l'écrit qui le contient.

Eclairciffons ces définitions par des exemples.

Un officier public, un notaire, en rédigeant un acte de donation, y attefte que cet acte a été paſſé dans ſon étude, tandis qu'en effet il l'a été dans la maiſon du donateur. Une pareille atteſtation eſt un faux, qui, dès qu'il eſt commis, ne peut plus s'apercevoir par le miniſtere des ſens, parce qu'on ne voit, dans l'acte, autre choſe ſinon qu'il a été paſſé dans l'étude du notaire. Voilà le *faux moral*.

Une perſonne fabrique à ſon profit un billet, & le ſigne du nom d'une autre perſonne, en contrefaiſant ſon écriture. Une action de cette eſpéce eſt un faux qui peut être aperçu par les ſens ſur le papier où il a été commis. Tel eſt le faux imputé à madame de Saint-Vincent. C'eſt le faux *phiſique* ou *matériel*.

De cette différence entre les deux faux, naît la différence des preuves qui peuvent ſervir à les conſtater. Dans l'inſtruction du premier, il ſuffit de remonter à l'époque où il a été commis, & d'avoir deux témoins qui atteſtent *de viſu*, ou des actes, des titres, ou d'autres écrits qui prouvent par l'*alibi*, que le contrat de donation dont nous parlions tout-à-l'heure, a été paſſé, non dans l'étude du notaire rédacteur, mais dans la maiſon de la partie contractante.

L'inſtruction du ſecond eſt bien d'une autre diſcuſſion : il faut prouver qu'il exiſte un faux matériel ; que la perſonne dont les écriture & ſignature paroiſſent ſur le papier, n'eſt point celle qui l'a écrit & ſigné ; que ces écriture & ſignature ſont

de

de la main d'une *telle* perſonne, qui a contrefait les écriture & ſignature de l'autre.

Ainſi, le faux matériel & phiſique eſt infiniment plus compliqué, & par conſéquent beaucoup plus difficile à prouver que le faux moral, quoique cependant le faux moral lui-même ne ſe puiſſe prouver que par des faits purement phiſiques.

Ne ſeroit-il donc pas biſarre, abſurde, contraire à la nature des choſes, de prétendre que le faux phiſique ou matériel ſe prouver par des faits moraux, ou, ce qui revient au même, par des raiſonnemens & des calculs de probabilités à l'aide deſquels il eſt impoſſible de porter dans les eſprits une conviction parfaite?

Le juge doit donc apporter la plus grande circonſpection, la plus ſcrupuleuſe ſévérité dans l'examen des preuves du faux matériel.

Voyons maintenant ſi nos loix ont quelque choſe de contraire à ces idées, ou ſi elles ne ſemblent pas les avoir ſuivies.

L'ordonnance du mois de juillet 1737, qui eſt la loi la plus récente ſur cette matiere, & par laquelle les précédentes ſe trouvent abrogées, eſt la ſeule qu'il ſoit néceſſaire de conſulter.

Et comme il ne s'agit ici que de *faux principal* & de *reconnoiſſances d'écritures & ſignatures privées*, il faut ſe borner à raporter les diſpoſitions qui concernent ces deux objets.

Suivant l'article 3 du titre premier, du *faux prin-*

cipal : » sur la requête ou plainte de la partie..... civi-
» le, il sera ordonné qu'il sera informé, des faits por-
» tés par ladite requête ou plainte, & ce, tant par ti-
» tres, que témoins, comme aussi par experts, ensem-
» ble par comparaison d'écritures ou signatures, le
» tout selon que le cas le requerrera ; & lorsque le
» juge n'aura pas ordonné en même-tems ces différens
» genres de preuves, il poura y être suppléé,
» s'il y échet, par une ordonnance ou un juge-
» ment postérieur «.

Voilà donc d'abord trois sortes de preuves au moins,
admises dans l'instruction du faux ; & d'après la distinction ci-dessus établie, il est clair que ce n'est que
du faux matériel que l'ordonnance entend parler,
quand elle ordonne l'information par experts & par
comparaison d'écritures ou signatures.

L'article 12 porte que, » quand la preuve par
» comparaison d'écriture aura été ordonnée, la
» partie publique ou la partie civile pouront seules
» fournir les piéces de comparaison, sans que l'ac-
» cusé puisse être reçu à en présenter de sa part,
» si ce n'est après la visite du procès. »

L'article 13 : « Ne pouront être admises pour
» piéces de comparaison, QUE CELLES QUI SONT
» AUTHENTIQUES par elles-mêmes ; & seront re-
» gardées comme telles les signatures apposées aux
» actes passés pardevant notaires, ou autres per-
» sonnes publiques, ... &c. »

L'article 14 : « Pouront néanmoins être admises

» pour piéces de comparaison les écritures ou fi-
» gnatures privées, QUI AUROIENT ÉTÉ RECON-
» NUES PAR L'ACCUSÉ ; fans qu'en aucun autre
» cas lefdites écritures ou fignatures privées puiffent
» être reçues pour piéces de comparaifon, quand
» même elles auroient été vérifiées (précédem-
» ment) avec ledit accufé, fur la dénégation qu'il
» en auroit faite : ce qui fera exécuté, à peine de
» nullité. »

L'article 22 : « Dans toutes les informations qui
» feront faites par experts, ils feront toujours en-
» tendus féparément, par forme de dépofition, ainfi
» que les autres témoins ; fans qu'il puiffe être or-
» donné en aucun cas que lefdits experts feront
» leur raport fur les piéces prétendues fauffes,
» ou qu'il fera procédé préalablement à la vérifi-
» cation d'icelles. »

L'article 23, 24 & 27, ordonnent que « feront
» en outre entendus comme témoins ceux qui
» auront connoiffance de la fabrication, altération,
» & en général, de la fauffeté defdites piéces, ou
» des faits qui pouront fervir à en établir la
» preuve ; » & que les piéces de comparaifon &
de conviction feront repréfentées aux témoins.

L'article 33 : « En tout état de caufe, ...
» les juges pourront ordonner, s'il y échet, . . .
» que L'ACCUSÉ SERA TENU DE FAIRE UN CORPS
» D'ÉCRITURE, tel qu'il lui fera dicté par les ex-
» perts ».

H ij

L'article 35 : « . . . Le juge ordonnera, s'il y
» échet, que ledit corps d'écriture fera reçu pour
» piéce de comparaifon, & que les experts feront
» entendus par voie de dépofition. . . . fur ce qui
» peut réfulter dudit corps d'écriture, comparé
» avec les piéces prétendues fauffes. »

L'article premier du titre 3, de la *reconnoiffance
des écritures & fignatures privées*, porte : « Les
» écritures & fignatures privées qui pouroient
» fervir à l'inftruction & à la preuve de quelque
» crime que ce foit, feront repréfentées aux ac-
» cufés ; . . . . . & ils feront interpellés de déclarer
» s'ils les ont écrites ou fignées, ou s'ils les recon-
» noiffent véritables. »

L'article 3 : « Si l'accufé convient avoir écrit ou
» figné lefdites piéces, ou fi lefdites piéces étant
» d'une main étrangère, il les reconnoît vérita-
» bles, elles feront foi contre lui, fans qu'il en
» foit fait aucune vérification. »

L'article 4 : « Si l'accufé déclare n'avoir écrit ou
» figné lefdites piéces, ou s'il refufe de les recon-
» noitre, ou de répondre à cet égard, il fera or-
» donné qu'elles feront vérifiées fur piéces de com-
» paraifon. »

L'article 12 : « Pouront être entendus comme
» témoins (outre les experts), ceux qui auront vu
» écrire ou figner lefdites écritures ou fignatures
» privées, ou qui auront connoiffance, en quel-

» que autre maniere , de faits qui puiffent fervir à en établir la vérité. »

Il eft inutile de raporter ici les autres articles de ce titre. Ils ne font qu'exiger les mêmes formalités qu'on vient de voir dans le titre du faux principal.

On remarque donc , par ces difpofitions , combien le légiflateur eft pénétré de la difficulté de la preuve dans l'accufation de faux matériel ; combien de précautions il prend , combien d'efforts il fait , pour empêcher le juge de s'égarer , pour le retenir fur le chemin de la vérité , & le mettre à portée de la découvrir ; quelle maffe énorme de préfomptions , de probabilités , de démonftrations de toute efpèce , il exige pour opérer la condamnation de l'accufé : pièces prétendues fauffes , piéces de comparaifon , piéces de conviction , repréfentation de titres , dépofitions de témoins , vérifications d'experts entendus féparément , corps d'écriture de la part de l'accufé.

Et cet appareil de preuves cumulées n'eft-il pas lui-même la preuve la plus évidente de leur infuffifance , lorfqu'elles fe trouvent ifolées , & qu'on les confidére féparément les unes des autres ?

M. de Richelieu prétend (1) n'avoir *aucun intérêt d'examiner la queftion de favoir quel eft le dégré de*

---

(1) Mémoire contre madame de Saint - Vincent , page 89 & fuivantes.

foi que peut mériter la vérification des écritures par la déposition des experts sur piéces de comparaison ; si ce genre de preuve est suffisant en lui-même, ou s'il est absolument nécessaire qu'il soit soutenu par des preuves d'une autre espèce. Il ajoute cependant que *le texte de l'ordonnance autoriseroit à soutenir que la déposition des experts peut suffire pour prouver un faux. L'ordonnance admet, mais n'exige point le concours de toutes les preuves qu'elle indique. En laissant au juge la liberté de cumuler, ou de ne point cumuler tous les genres de preuves dont elle fait mention, elle annonce clairement que leur concours n'est point absolument nécessaire.*

Ce qu'on peut recueillir de ce que dit ici M. de Richelieu, c'est qu'il est très-intimement persuadé, mais qu'il n'ose pas avouer ouvertement, de peur de nuire à son sistême & de renverser tout l'édifice de sa procédure, que la preuve par vérification d'experts & comparaison d'écritures, lorsqu'elle est seule, est absolument insuffisante pour opérer la condamnation de l'accusé de faux. Assurément, il *n'a aucun intérêt d'examiner la question* ; il a précisément l'*intérêt* contraire. Et il le sent bien ; car il l'esquive plutôt qu'il ne la présente.

Mais il n'y échapera pas. Le raisonnement sur lequel il s'appuye n'est qu'un sophisme grossier qui ne peut pas lui faire illusion à lui-même. On vient de voir les dispositions de l'ordonnance. On vient de voir ce qui en résulte. De bonne foi, *autorisent-*

elles à soutenir que la déposition des experts peut suffire pour prouver un faux ? Et prenons garde à l'ordre dans lequel la loi range les termes dont elle se sert : *il sera informé , tant par* TITRES *, que par* TÉMOINS, COMME AUSSI *par* EXPERTS *,* ENSEMBLE PAR COMPARAISON D'ÉCRITURES OU SIGNATURES; *le tout selon que le cas le requerrera;& lorsque le juge n'aura pas ordonné* EN MÊME-TEMS CES DIFFÉRENS GENRES DE PREUVES *, il poura y être suppléé , s'il y échet , par un jugement postérieur.* Si les *titres* & les *témoins* suffisent pour opérer la preuve , le juge sera dispensé d'ordonner un autre genre de preuve. Si les *titres* & les *témoins* sont insuffisans , le juge ordonnera la preuve par *experts* & par *comparaison d'écritures.* Voilà l'ordre , voilà la gradation que le juge doit scrupuleusement observer , & dont une matière aussi rigoureuse ne peut jamais lui permettre de s'écarter : voilà enfin le vrai sens de ces expressions conditionnelles , *si le cas le requiert , s'il y échet ,* dont M. le maréchal abuse , pour faire passer son sophisme. Ce vrai sens *n'autorise* donc pas *à soutenir que la déposition des experts peut suffire pour prouver un faux.* Il autorise donc au contraire à soutenir , ou plutôt il prouve jusqu'à la derniere évidence , non-seulement que la déposition des experts est insuffisante , mais qu'elle est le dernier moyen auquel le juge doive avoir recours.

Mais, poursuivons. Nous venons de voir un raisonnement barbare. Voici maintenant une étrange doctrine (1) : *Vainement oppoſeroit-on au texte précis de l'ordonnance les lieux communs tant rebattus de l'incertitude de la preuve par comparaiſon d'écritures. Le légiſlateur connoiſſoit toutes ces objections. Il ſavoit que ſi la déciſion des experts porte quelquefois ſur des conjectures moins déciſives, les connoiſſances particulieres de leur art peuvent conduire à des découvertes importantes. . . . . . Au fond, toutes ces diſſertations métaphiſiques ſont plus propres à intéreſſer la curioſité, qu'à déterminer la déciſion de la juſtice.*

Je n'*oppoſe* rien ici *au texte de l'ordonnance.* Je ne fais que le ſuivre, je ne fais qu'en montrer le vrai ſens à M. le maréchal, qui ne l'entend pas, ou qui feint de ne pas l'entendre. Cela vient d'être prouvé. Mais M. le maréchal convient donc, au moins implicitement, de l'*incertitude de la preuve par comparaiſon d'écritures*, puiſqu'il convient que la déciſion des experts *porte quelquefois ſur des conjectures*, puiſqu'il parle des *lieux communs tant rebattus* de cette *incertitude.* J'en ai moi-même auſſi quelque ſoupçon. Car enfin ces *lieux communs tant rebattus* m'annoncent une eſpèce de cri général, une ſorte de réclamation univerſelle, contre le genre de preuve dont il s'agit, de la part des magiſtrats, des juriſconſultes, & de tout ce qu'il y a d'hommes éclairés ſur cette importante matière. Et dès que ce

---

(1) Là-même.

font des *lieux communs si rebattus*, je n'ai pas befoin, ce me femble, de me mettre en frais, ni d'ouvrir de livres, pour prouver cette infuffifance de la preuve par comparaifon d'écritures. Je ne puis cependant réfifter à la tentation d'en citer un qui doit être ici de quelque poids. C'eft le recueil des œuvres d'un chef fuprême de la juftice, d'un des hommes qui ont le plus honoré la magiftrature & la nation. Dans une caufe où il portoit la parole en 1697, & où il s'agiffoit, entr'autres objets, d'une infcription de faux contre un acte que l'on prétendoit avoir été mis après coup fur un regiftre public, infcription de faux qu'il adoptoit, à laquelle il fe joignoit comme miniftère public; fes moyens de décifion étoient précifément toutes les preuves ou préfomptions de faux, autres que celle réfultante du témoignage des experts. « Si l'on compare ces moyens » de faux, difoit-il (1), avec ceux que l'on tire » d'ordinaire du témoignage des experts, peut-on » feulement balancer entre les uns & les autres ? Et » qui peut douter que, fi les faits dont il s'agit fe » trouvoient prouvés par une inftruction régulière, » ils ne fourniffent des argumens beaucoup plus » forts que les préfomptions TOUJOURS DOU-» TEUSES, que l'on tire du raport des experts » ? Cet illuftre chancelier, qui favoit conduire les

---

(1) Œuvres de M. le chancelier d'Agueffeau, tome IV, plaidoyer 45ᵉ., page 190.

I

tribunaux par la douceur, par la perfuafion, par l'onction de cette éloquence vraiment neftorienne qu'il poffédoit fi fupérieurement, difoit encore (1) dans une lettre adreffée à un magiftrat qui paroiffoit être dans l'erreur fur les principes des accufations de faux : « les loix qui défendent d'admettre la preuve
» teftimoniale contre le contenu aux actes, ne regar-
» dent que les actions civiles ; mais on a toujours
» fuivi une regle contraire dans les accufations de
» faux, parce qu'il s'agit alors d'établir la vérité d'un
» crime qui ne peut fe prouver que par la fauffeté
» de l'acte ; & de tous les genres de preuves,
» celle qui réfulte des dépofitions des témoins, eft
» ordinairement PLUS FORTE que celle qui réfulte
» de la comparaifon des écritures ou du jugement
» des experts. » C'eft donc précifément parce que *le légiflateur connoiffoit toutes ces objections*, toutes ces difficultés, toute cette incertitude du jugement des experts, qu'il a cumulé tous les genres de preuves poffibles dans l'inftruction des accufations de faux. Et que veut dire M. de Richelieu, par fes *conjec-tures moins décifives* ? Eft-ce qu'une *conjecture* n'eft pas un doute, un foupçon plus ou moins fort, plus ou moins fondé ? Eft-ce qu'un doute, un foup-çon peut être affimilé à une certitude ? Eft-ce que l'idée d'un doute *décifif*, d'un foupçon *décifif*, n'eft pas une idée abfurde, & qui implique contradic-

____

(1) Les mêmes, tome VIII, lettre 123, page 186.

tion ? Concluons donc que les opérations des experts, fi elles ne font accompagnées d'autres preuves, ne *conduiront* jamais *à* aucune *découverte* certaine. Et l'on viendra dire que ce font-là des *differtations métaphifiques, plus propres à intéreffer la curiofité, qu'à déterminer la décifion de la juftice !* Quel aveuglement inconcevable ! quelle déplorable logique ! Oui, fi de pareilles doctrines s'établiffoient jamais dans les tribunaux, il faudroit haïr les fociétés politiques, en défirer l'anéantiffement, fuir pour jamais dans les déferts, & préférer de combattre des bêtes féroces qui ne pouroient que vous donner la mort, à luter contre des fophifmes juridiques qui vous conduiroient à l'infamie.

Mais à quoi bon cette fainte colere ? M. le maréchal de Richelieu va revenir fur fes pas ; il va lui-même détruire fa doctrine ; il va foufler fur ce fantôme qu'il fembloit nous montrer avec tant de complaifance (1). *Lorfque les experts ne feront point parfaitement d'accord, lorfque leurs dépofitions, quoique conformes, ne feront point affirmatives,* lorfque les *motifs & les preuves qu'ils donneront de leur avis, ne s'accorderont point, ou ne préfenteront que des conjectures plus ou moins preffantes ; ou lorfque ce genre de preuve n'établira que le faux matériel, fans indiquer la main qui l'aura commis ; le juge defirera fans*

______

(1) Mémoire contre madame de Saint-Vincent, pag. 91.

doute que le témoignage des experts soit confirmé par quelques-unes des autres preuves qu'admet la loi. Mais quand la déposition des experts sera unanime, quand elle se trouvera fondée sur des preuves si évidentes, qu'elles porteront la conviction avec elles, quand le faux matériel se trouvera démontré par des preuves qui fraperont à leur seule inspection ; ce seroit une dérision que de prétendre que le juge ne poura point y asseoir son jugement. . . . . Or, le faux que M. de Richelieu dénonce est phisiquement démontré par la seule inspection des piéces.

Voilà, de la part de M. de Richelieu, le plus grand argument en faveur de son fiftême, ou l'aveu le plus décifif contre lui. Voyons ce qui en eft.

Il faut d'abord fe reporter à la baftille, & fe rappeller ce qui s'y eft paffé. Il ne m'apartient pas de parler ici de la préférence qui eft due à la loi, fur les lettres clofes, & d'ailleurs je fuis aux pieds d'un fenat augufte dont l'exiftence eft liée à ce grand principe, & qui a toujours fait les plus grands facrifices pour le maintenir dans toute fa pureté. Mais fi M. le maréchal ofoit taxer d'indifcrétion ce que je dis au fujet de l'ordre qu'il a furpris au miniftre contre madame de Saint-Vincent ; je lui répondrois, qu'il ne s'agit ici, ni de fecret d'état, ni d'aucun objet qui puiffe intéreffer l'adminiftration politique ; qu'il ne s'agit que d'une affaire particuliere entre madame de Saint-Vincent & lui ; qu'il n'étoit donc permis en aucune maniere à M. de Ri-

chelieu de faire conduire fa parente à la baftille ;
que les tribunaux ne peuvent trop févir contre quiconque a l'audace de furprendre un pareil ordre à
l'autorité ; qu'ils féviffent en effet toutes les fois qu'ils
en découvrent l'impétrant ; qu'une preuve fans réplique de ce que j'avance à cet égard, eft le célé-
bre arrêt de la cour, du 9 avril 1770, par lequel
le fieur de la Tour-du-Roch a été condamné en
20000 livres de dommages & intérêts envers la
comteffe de Lancize, non pas pour l'avoir fait conf-
tituer prifonniere à la baftille, mais feulement pour
avoir furpris une lettre de cachet qui l'exiloit en
Normandie.

Madame de Saint-Vincent détenue à la baftille,
les agens de M. le maréchal y font venir le fameux
Guillaume, cet expert lumineux, dont le génie eft
égal à la probité, qui a prodigieufement reculé les
bornes de fon art, & qui jufqu'à préfent a toujours
été affez heureux pour ne trouver que des coupa-
bles, même dans les perfonnages les plus illuftres &
les plus intégres. Cet habile homme amene avec lui
fon docile confrere Liverloz. On procéde clandef-
tinement à une prétendue vérification des fignatures
appofées au bas des billets de M. le maréchal, &
l'on décide que ces fignatures font fauffes, & qu'elles ont été calquées ou contretirées à la vitre. Malgré l'habileté profonde & l'incomparable honnêteté
de ces dignes experts, M. de Richelieu nous fait la
grace de ne tirer aucun avantage de leur décifion,

parce qu'elle se trouve réitérée dans l'instruction faite au châtelet.

Passons donc à ce qui concerne cette instruction.

Il s'agissoit, comme je l'ai dit ci-devant, de conserver à M. de Richelieu l'avantage de cette décision, sans paroître s'en servir ; & le moyen étoit simple & facile. C'étoit de faire en sorte que les nouveaux experts qui seroient entendus en déposition fussent des gens dévoués à Guillaume. C'est en effet ce qui est arrivé. Paillasson & Potier, amis intimes ou disciples de Guillaume, sont nommés. Guillaume leur fait leur leçon ; & comme ce ne sont point de ces éleves rebelles & discoles, qui veulent penser par eux-mêmes, sans jurer sur la parole du maître, on commence par ordonner que, pour avoir une piéce de comparaison, M. de Richelieu fera une piéce d'écriture, comme il jugera à propos. Ce jugement est exécuté fidelement ; & le corps d'écriture fait par M. le maréchal est l'unique piéce que les deux experts prennent pour regle dans leurs dépositions.

Cependant je viens d'établir, d'après les articles 13, 14 & 33 de l'ordonnance ; 1°. qu'*il ne peut être admis pour piéces de comparaison, que celles qui sont authentiques, ou tout au moins celles qui étant privées, auront été reconnues par l'accusé, à peine de nullité ;* 2°. que c'est une piéce d'écriture de l'accusé, & non pas de l'accusateur, qui doit servir de piéce de comparaison, telle qu'elle sera dictée par les experts.

De plus, le jugement qui ordonnoit que ce feroit M. le maréchal qui feroit le corps d'écriture, n'a permis, ni à madame de Saint-Vincent, ni à moi, quoique tous deux accufés de faux, d'affifter au procès-verbal ; & en effet, nous n'y avons point affifté.

Il en réfulte invinciblement, que ce corps d'écriture privée fait par M. de Richelieu, ne pouvoit être admis pour piéce de comparaifon, puifqu'il avoit été fait hors de la préfence des accufés, & qu'il n'avoit pas été reconnu par eux, comme l'exigeoit l'ordonnance ; que néanmoins ce corps d'écriture ayant été l'unique piéce qui ait fervi de bouffole aux experts dans leurs opérations, elle ne pouvoit faire preuve contre les accufés ; & que par conféquent il n'exifte, du moins quant à préfent, aucune preuve juridique du prétendu faux.

Si les dépofitions des experts étoient aujourd'hui communiquées aux accufés, de la même maniere qu'elles l'ont été dans le tems à M. le maréchal de Richelieu, nous y découvririons fans doute bien d'autres vices ; nous y découvririons fûrement cet efprit de vertige & d'erreur, qui n'a pu manquer d'accompagner l'aveugle partialité qui les animoit ; mais à en juger feulement fur le compte qu'en rend M. le maréchal, on voit que leur prétendu jugement ne porte que fur une hipothefe, & fur l'hipothefe la plus abfurde & la plus révoltante.

Ils fuppofent que les fignatures des billets argués de faux ont été calquées ou contretirées à la vitre, fur une véritable fignature de M. de Richelieu ;

& pour preuve unique de cette fuppofition, ils difent avoir mefuré au compas, non feulement toutes les lettres de ces fignatures, mais encore toutes les diftances qui fe trouvent entre ces lettres ; que le tout s'eft trouvé de la même longueur & largeur, & que ces mêmes fignatures étant pofées les unes fur les autres, elles fe couvrent parfaitement de tous côtés.

Mais que conclure de-là ?

Premierement, l'action de calquer ou de contre-tirer, telle que la défignent les experts, eft une idée abfurde, une chofe impoffible. S'agit-il de calquer de bout à une vitre pofée perpendiculairement, comme à la vitre d'une croifée ? La pofition n'eft pas foutenable un quart d'heure, quoique, dans ce cas, il faille un très-long-tems pour faire l'opération. La main n'eft jamais fûre, l'encre ne peut venir à la pointe de la plume, qu'on eft obligé de tenir horifontalement ; & la plume ne marque point. S'agit-il de contretirer affis ? La pofition feroit plus commode, & la main plus fûre. Mais ici, autre difficulté : on ne peut calquer à la vitre, qu'à caufe de la diaphanéité du verre, qui rend vifibles tous les objets placés fous le verre même ; mais cette diaphanéité difparoîtra, fi le verre n'eft pas expofé au grand jour. Il faudra donc, en ce cas, fe placer & s'affeoir au grand jour, & y pofer fon verre fur un plan obli-que & même très fortement incliné. Mais alors, outre qu'on ne s'avife pas de calquer des écritures

&

& de fabriquer des billets faux au grand jour, on aura toujours le même inconvénient de la pofition prefque horifontale de la plume. L'encre, au lieu de couler vers la pointe, fuira dans le tuyau, & la plume ne marquera plus.

Dans les deux cas que je viens de fuppofer, il n'y auroit donc qu'un crayon dont on pouroit fe fervir, fauf à paffer la plume enfuite fur les traits du crayon même; mais cela ne fe feroit pas fans le plus grand danger d'être découvert, & il eft bien difficile de croire que le crayon ne fe décélât pas d'une maniere ou d'une autre.

En un mot, plus on réfléchit fur l'opération fuppofée par les experts, plus on la trouve impraticable. Auffi la regardera-t-on toujours comme telle, lorfqu'au lieu de confulter des écrivains ignorans ou de mauvaife foi, on voudra s'adreffer à des ingénieurs ou d'autres perfonnes éclairées & honnêtes, dont l'occupation journaliere eft de calquer, de contretirer des plans, des cartes, des deffins. Elles diront, elles prouveront toutes, que l'opération, telle que la défignent Paillaffon & Potier, eft une chofe impoffible; & qu'elles font obligées de fe fervir de toile très-fine, de papier huilé, ou de cannevas, pour calquer & contretirer, fans quoi elles n'y pouroient réuffir.

Ainfi les experts de M. de Richelieu fe trouvent d'accord; mais c'eft précifément parce qu'ils fe trouvent d'accord, que leurs dépofitions ne méritent au-

K

cune foi, puifqu'elles ne décélent que la plus craffe ignorance ou la partialité la plus odieufe. Leurs motifs de décifion fontabfurdes, leurs preuves ne font que de vaines *conjectures*. Il n'en réfulte aucune *conviction*, fi ce n'eft celle de leur ineptie, ou de leur prévarication. Il eft donc impoffible que la juftice s'appuye fur une pareille décifion. Il faut donc qu'elle ait recours à des preuves d'un autre genre, c'eft-à-dire, aux interrogatoires des accufés, aux dépofitions des autres témoins entendus dans les informations.

Mais, aucun des témoins, quelque dévoués qu'ils fuffent à M. le maréchal accufé d'en avoir fuborné plufieurs, n'a eu la hardieffe de dépofer avoir vu madame de Saint-Vincent, ni moi, calquer ou contretirer les fignatures appofées au bas des billets argués de faux, ni même avoir oui-dire que nous les euffions calquées ou contretirées. Et quant à nos interrogatoires, non feulement ils ne contiennent aucun aveu de notre part; mais madame de Saint-Vincent a toujours foutenu, fous la foi du ferment, qu'elle tenoit les fignatures de M. le maréchal; comme j'ai toujours foutenu, auffi fous la foi du ferment, que madame de Saint-Vincent me l'avoit affuré de même, & que je n'en favois pas davantage.

Que réfulte-t-il de tout ceci? Il en réfulte inconteftablement que, fi l'opération des experts eft jufte, fi les lettres qui compofent les fignatures fe trouvent être d'égale longueur & largeur, & placées à des diftances égales dans toutes ces fignatures, fi ces mêmes fignatures, impofées l'une fur l'autre, fe couvrent parfaitement; ce n'eft pas une preuve, ni même une préfomption qu'elles ayent été calquées ou contretirées ; mais qu'il exifte, ou qu'il a nécef-fairement exifté, entre les mains d'une perfonne quelconque, un tipe de la fignature de M. le maré-chal de Richelieu, qui a donné l'être à toutes celles qu'il infcrit de-faux.

Quel étoit le poffeffeur de ce tipe ? C'eft ce que n'indiquent encore, ni les opérations des experts, ni les dépofitions des autres témoins, ni les interro-gatoires des accufés, ni aucune des piéces du procès.

Voudra-t-on, contre des raifons auffi claires, con-tre toute évidence, que les opérations des experts prouvent l'exiftence d'un faux ? Je l'accorderai pour un moment. Toujours feroit-il démontré qu'elles n'*indiquent* point *la main qui l'auroit commis* ; & qu'il refteroit toujours à prouver quel en feroit l'au-teur.

Selon M. le maréchal de Richelieu (1), *les inter-rogatoires de madame de Saint-Vincent, les piéces éma-nées d'elle-même & qu'elle reconnoît, les faits qui doi-vent être conftatés par les informations, ajôutent à la preuve phifique une preuve morale, qui porte juf-qu'à l'évidence la démonftration du délit, & qui en in-dique en même-tems l'auteur.*

DEUXIÉME PROPOSITION

Quand même le faux feroit conftaté, il n'en réfulteroit pas que mada-me de Saint-Vincent en fût coupable.

---

(1) Mémoire contre madame de Saint-Vincent, pag. 92.

Avant de paſſer à l'examen de ces différens objets, je ſupplie qu'on faſſe attention que je ne ſuis
pas le défenſeur de madame de Saint-Vincent, que
par conſéquent je ne dois pas être obligé de me
livrer à tous les détails qui la concernent ; mais
qu'accuſé de complicité dans le faux que lui impute
M. le maréchal de Richelieu, il eſt de mon devoir
& de mon intérêt de préſenter au moins les points principaux qui doivent opérer ſa juſtification.

Si l'on n'a point perdu de vue le portrait fidele
que j'ai tracé de cette dame, ſi l'on ſe rappelle cet
extrême enjouement mêlé d'extrême ſenſibilité, cette
légereté, cette inſouciance qui ſemblent ne la quiter jamais, ce *bon cœur* dont M. le maréchal de
Richelieu faiſoit l'éloge avec tant d'énergie dans
les lettres qu'il avoue lui avoir écrites ; ſi l'on ajoute
à tout cela que madame de Saint-Vincent eſt de
la naiſſance la plus illuſtre ; que depuis vingt années
elle n'a demeuré que dans des couvens, n'ayant par
conſéquent aucun crédit dans le monde ; qu'elle
avoit même tout à craindre de celui d'un homme
auſſi puiſſant que M. le maréchal de Richelieu ;
jamais on ne ſe perſuadera qu'elle ait pu ſe livrer,
comme il le dit, pendant trois années, à des mé-
ditations profondes, à des travaux interminables de
corps & d'eſprit, & qui demandoient un ſecret qu'elle
étoit incapable de garder, pour concevoir, exécu-
ter & mettre au jour des projets de faux, des fabri-
cations d'une foule de lettres & d'écrits de toute

espéce, & sur-tout pour faire pour 420000 livres
de faux billets, les attribuer à un maréchal de France,
à un pair du royaume, les envoyer vérifier chez ses
gens d'affaires, & finir par les négocier, pour ainsi
dire, sous ses yeux. Encore un coup, on ne le
croira jamais.

On le croira d'autant moins, que son vertueux
pere, dont elle avoit eu le malheur de perdre les
bonnes graces, lui a rendu la même justice; &
qu'elle est en état d'invoquer, contre M. le maréchal
de Richelieu, ce respectable jugement domestique,
qu'il a voulu atténuer, quand il a vu qu'il lui étoit
impossible de l'anéantir.

M. le maréchal, en instruisant le marquis de Vence de son affaire, avoit empoisonné tous les faits.
Le marquis de Vence trompé par un récit infidele,
lui avoit répondu, le 13 août 1774, qu'il ne pouvoit
lui *exposer d'autre sentiment que celui de l'afflic-
tion profonde dans laquelle il étoit abîmé*, des NOIR-
CEURS que madame de Saint-Vincent faisoit *éprou-
ver* à M. de Richelieu; qu'*il étoit* FORT ÉLOIGNÉ
de connoître l'atrocité du caractere; que *les* BON-
TÉS dont M. le maréchal *n'avoit cessé d'honorer* madame de Saint-Vincent *depuis les* BIENFAITS
dont elle lui étoit redevable, avoient ranimé en lui
(marquis de Vence) *les sentimens qu'il avoit cru
pendant long-tems étouffés; mais qu'aujourd'hui, &*
DEPUIS ce que M. de Richelieu LUI AVOIT AP-
PRIS, il *protestoit qu'il abandonnoit sa fille à tous*

l'opprobre dont elle venoit de *se rendre digne* (1).

Mais le 23 septembre suivant, le marquis de Vence, tiré d'erreur par un détail exact de l'affaire, mande au vicomte de Castellane : » j'ai recours à » vous, mon cher cousin, dans une occasion qui me » tient infiniment à cœur. Je viens d'apprendre avec » le plus grand étonnement, qu'on veut faire usage » contre ma fille, d'une lettre que j'ai écrite à M. le » maréchal de Richelieu..... Je sais que ma fille est » incapable des horreurs qu'on lui impute. La fran- » chise, & j'ose même le dire, l'honnêteté de son » caractere, *en matiere d'intérét*, excluent absolu- » ment l'imputation qu'on lui fait d'une faulseté sans » exemple. C'est un témoignage que je ne cesserai » jamais de lui rendre..... Je vous recommande » ma malheureuse fille, qui est indignement vexée, » & sur qui on veut imprimer une flétrissure qu'elle » ne mérite pas «.

Quelle lettre ! Et comme elle est empreinte du sceau de cette douleur de pere, qui ne manque ja- mais de rappeller dans le cœur le plus ulcéré les plus doux sentimens de la nature ! De quel côté sont *les horreurs ?* De quel côté doit rester *l'opprobre ?* La justice ne s'y trompera pas.

Les faits dont j'ai rendu compte , viennent à l'appui de toutes ces présomptions. Ils établissent de la manière la plus claire & la plus satisfaisante ,

---

(1) Mémoire contre madame de Saint-Vinçent , pag. 162 & suivantes.

qu'il n'exifte effectivement aucune preuve de faux contre madame de Saint-Vincent ; & que fi le faux étoit conftant, il feroit également conftant qu'elle n'y auroit aucune part, puifque c'eft de M. le maréchal de Richelieu qu'elle tient les billets.

Voyons maintenant fi les piéces du procès font capables d'affoiblir ces preuves.

Ces piéces font de trois fortes , comme l'obferve M. de Richelieu , les interrogatoires de madame de Saint-Vincent , les écrits & lettres émanés d'elle-même, & les informations.

Je me garderai bien de me livrer à la difcuffion de ces fcandaleux interrogatoires ; & je croirois fouiller ma défenfe , que de répéter les détails in-décens fur lefquels le lieutenant criminel dans fon inftruction , & M. le maréchal dans fes libelles, fe font appefantis avec tant de complaifance & d'affec-tation. Si l'on ne peut les lire fans fe fentir pénétré d'indignation , comment aurois-je la force ou la té-mérité de les écrire ?

Mais je dirai que , jufques dans les plus petites chofes, jufques dans ces politeffes d'ufage que per-fonne n'a droit d'ignorer, le lieutenant criminel a manqué à ce qu'il devoit à madame la préfidente de Saint-Vincent , femme de qualité , femme d'un des premiers & des plus refpectables magiftrats du royaume.

Je dirai qu'au lieu d'interroger madame de Saint-Vincent , comme la loi l'ordonne , fans paffion , fans partialité , il n'eft point de piéges qu'on ne lui ait tendus, point de détours artificieux qu'on n'ait employés pour lui faire faire l'aveu du crime dont elle étoit accusée ; & que si elle eût été coupable, elle n'auroit jamais pu échaper aux questions insidieuses de son juge.

Je dirai que ce juge a dû rougir cent fois des interrogats indécens qu'il a osé lui faire, & des lettres & piéces qu'il s'est permis de lui représenter ; interrogats, lettres & piéces qui n'avoient aucune analogie au titre d'accusation.

Je dirai que l'on a violé les loix, que l'on a porté le mépris de la pudeur & de l'honnêteté publique, au point de l'interpeller, de la presser, pour lui faire avouer d'autres crimes encore plus graves que celui dont elle étoit accusée, & qui n'é-toient pas énoncés dans la plainte de son accu-sateur.

Je dirai que justement indignée de ces interpel-lations atroces, elle a formellement protesté d'en demander vengeance.

Je dirai que ces indignes traitemens, ces véxa-tions abominables, avoient conduit aux portes du tombeau cette femme infortunée ; qu'elle étoit dé-vorée par une fiévre presque continuelle, dont la fermentation mettoit le désordre dans toutes les facultés de son ame ; que, dans cet état de dou-leur, forcée de garder le lit, & pouvant à peine parler, le juge s'est transporté dans sa chambre & lui a fait subir ces longs & cruels interrogatoires,

à

à la fin defquels elle *s'eft trouvée fi mal*, qu'elle a reclamé les fecours fpirituels, a *demandé un confeffeur*, a dit qu'*elle croyoit mourir bien-tôt*, *a juré & protefté* que M. le maréchal de Richelieu lui avoit envoyé les lettres & les billets qu'il arguoit de faux, & s'eft évanouie.

Je dirai que, pour comble d'horreur, le juge lui-même n'a pas craint de l'accufer d'avoir commis un crime encore plus grave; & qu'ayant dénié formellement des faits qui n'avoient aucun raport à l'accufation de faux, il lui a réitéré peut-être jufqu'à cent fois la fommation de fe déclarer coupable de ce crime, *fans quoi fon procès lui feroit fait comme à une muette volontaire*, & les interpellations *tenues pour avérées*.

Je dirai que tous ces interrogatoires ont fini par les *proteftations* les plus fortes de la part de madame de Saint-Vincent, *contre la véxation odieufe & inouie de M. le maréchal, & notamment contre la multitude de queftions injurieufes qui lui ont été faites; quoiqu'elles n'euffent aucun raport aux billets & lettres qu'il argue de faux, après les lui avoir envoyés ou remis.*

Je dirai enfin que, fi, par une licence inouie jufqu'alors, on a imprimé, publié, débité des piéces que les loix veulent être fecrettes, & que les indécences dont elles font remplies, les circonftances, & les qualités refpectives des parties condamnoient encore plus rigoureufement à refter enfevelies dans la pouffière des greffes ; il reste au moins à madame de Saint-Vincent si cruellement outragée par ces libelles juridiques, la consolation qu'ils ont mis son innocence au plus grand jour ; qu'ils sont en effet les piéces les plus fortes qu'elle puisse invoquer en sa faveur ; que, par cette publicité, M. le maréchal de Richelieu l'a servie en la diffamant ; & qu'on y voit, de la part de madame de Saint-Vincent, tant de franchise & tant d'aveux sur des faits qu'elle auroit dû rejetter avec indignation sans y répondre, qu'il n'est personne qui ne soit parfaitement convaincu qu'elle auroit également avoué le faux, si elle en eût été coupable.

Voilà l'analise la plus exacte, la plus fidele, & le résultat le plus vrai des interrogatoires de madame de Saint-Vincent (1). Ils ne contiennent donc aucune preuve, aucune présomption qu'elle ait fabriqué les lettres & les billets argués de faux.

En trouve-t-on davantage dans les *pieces émanées d'elle-même, & qu'elle reconnoît ?* Que voit-on dans ces pieces, qui sont les lettres écrites par elle à différentes personnes, & sur-tout à moi ?

Le caractere de cette correspondance exclut nécessairement tout soupçon d'un dessein préconçu, prémédité, exécuté par madame de Saint-Vincent, d'un faux ou plutôt d'une multitude de faux qui demandoient de sa part les plus profondes réflexions & le travail le plus dur & le plus opiniâtre.

____

(1) Voyez les interrogatoires de madame de Saint-Vincent, des 17 18 août, 17, 24, 27, 28 & 30 septembre 1774.

Madame de Saint-Vincent est au-deſſus de toute eſpece de prétention ; elle me permettra d'être auſſi franc ſur cet article, que je l'ai été ſur les autres. Je puis donc dire que ſes lettres ſont remplies de diſparates auſſi multipliées qu'étonnantes ; qu'on y trouve quelques étincelles de ce génie épiſtolaire qui a fait paſſer à la poſtérité une ſimple correſpondance d'une mere avec ſa fille, à côté de phraſes obſcures & même inintelligibles ; quelques traits, quelques ſaillies qui auroient honoré la plume de cette illuſtre biſaïeule de madame de Saint-Vincent, noyées & comme perdues dans un ſtile incorrect & découſu qui les dépare ; de l'énergie, de la ſenſibilité, de la chaleur ; mais nulle ſuite, nulle tenue, nulle combinaiſon d'idées ; enfin un eſprit verſatile tout-à-fait ſemblable à ſa converſation, où elle ne traite jamais le même ſujet pendant deux minutes. Car quiconque a cauſé une demi-heure avec madame de Saint-Vincent, a jugé ſon commerce agréable & ſon cœur excellent, mais ſa tête abſolument incapable de la moindre application. Tel eſt le jugement que M. de Richelieu lui-même en portoit, lorſqu'il lui écrivoit d'amitié qu'*elle avoit un bon cœur, mais une mauvaiſe tête.* Et je lui demande comment il a pu ſe flater de faire trouver dans de pareilles correſpondances de madame de Saint-Vincent, je ne dis pas la moindre preuve, mais ſeulement la plus foible préſomption d'un projet de faux imaginé,

L ij

médité, combiné, travaillé conftamment pendant trois années entieres, & mis à exécution au bout d'un fi long-tems. Je lui demande comment, fur de pareils écrits, il ofe accufer fa coufine de *fauffeté*, d'*audace*, de *noirceur*, d'*atrocité* (1). Sur ce fujet, je l'abandonne à fes propres réflexions : tout ce que je puis dire, c'eft que dans cette grande quantité de lettres qu'elle m'a écrites, & qui font fous les yeux de la cour des pairs, il n'en eft pas une, il n'y a pas une ligne, pas un mot, pas une fillabe, qui faffe mention, ni qui donne le plus léger foupçon du prétendu projet de faux, ni de fon exécution ; & que fi ce projet eût exifté, ou du moins eût été formé de concert avec moi, il ne feroit pas poffible qu'il n'y en eût été queftion.

Quant aux lettres arguées de faux par M. de Richelieu, non pas, comme il le dit, *pour le feul intérêt de la vérité*, mais parce qu'il les a écrites à madame de Saint-Vincent, & qu'elles font une des plus fortes preuves qu'il lui a réellement donné les billets dont il s'agit ; elles font au nombre de *vingt-deux* ; & il y en a *neuf qui parlent d'argent, de billets ou de mandats*. C'eft M. de Richelieu lui-même qui en convient (2).

Le reproche qu'il fait à ces lettres eft d'avoir été

______

(1) Mémoires contre madame de Saint-Vincent & le fieur de Vedel, *ubique paffim*.

(2) Mémoire contre madame de Saint-Vincent, pag. 102.

calquées & contre-tirées à la vître comme les billets ; ce qui se trouve réfuté d'avance par la démonstration que j'ai donnée de l'impossibilité de calquer à la vître, de la maniere dont l'entendent les experts. Ainsi je ne devrois rien ajouter ici sur ce point.

Mais s'il est démontré impossible de calquer à la vître une simple signature, l'idée de calquer de même des lettres entieres, telle que la présente M. de Richelieu, n'est-elle pas l'idée la plus puérile, la plus ridicule, la plus extravagante qu'il soit possible de concevoir ? M. de Richelieu suppose, & suppose très-gratuitement, que madame de Saint-Vincent, qui avoit des lettres de lui, s'en est servie pour en fabriquer d'autres à son gré ; qu'elle les a fabriquées en effet, en prenant, dans les véritables lettres, un mot d'un côté, une sillabe de l'autre, une ligne de l'autre. On nous parle même de cette opération, comme d'une chose toute simple, mais avec un sang froid qui glace ou qui révolte.

En vérité, il faloit que M. le maréchal & ses experts comptassent bien sur l'ignorance des juges & sur la crédulité publique, pour oser imprimer de pareilles assertions. Ajoutons toujours que, quand même l'opération seroit possible, elle exigeroit nécessairement des travaux, des précautions, une patience, une contention d'esprit dont madame de Saint-Vincent ne fut ni ne sera jamais capable.

L'impossibilité de calquer à la vître, non seulement debout, sur un plan vertical ; mais même assis, fur une table , & fur un plan horifontal ou oblique, à la lumiere ou au grand jour, étant pleinement démontrée par les raifons que j'en ai données , il en réfulte contre M. le maréchal une conféquence auffi terrible qu'inévitable : c'eft que les lettres arguées de faux n'ont pu être calquées ; & que, comme elles parlent de *l'argent* , des *billets* & des *mandats* qu'il devoit faire paffer à madame de Saint-Vincent, elles conftatent invinciblement que les billets, vrais ou faux, viennent de lui , & que c'eft lui qui les a fait paffer à madame de Saint-Vincent.

Reftent donc *les informations* , troifieme genre de pieces invoqué contre elle.

M. le maréchal a fait entendre une foule de té-moins, tant à Paris , que dans les provinces. Mais, quoique la plupart lui fuffent dévoués , ceux-ci comme étant fes domeftiques, fes ouvriers, fes four-niffeurs , fes gens d'affaire , ceux-là comme fubornés & ftipendiés par lui , ainfi qu'il en eft accufé par madame de Saint-Vincent, il n'en eft pas un feul qui ait pu dépofer avoir vu cette dame calquer à la vître les lettres & billets dont il s'agit. Les uns, loin de la charger , ont dépofé ce qu'ils favoient exactement, & par conféquent, ont dépofé en fa faveur : d'autres ont dépofé de vifites fréquentes de ma part chez madame de Saint-Vincent, de lettres que nous nous écrivions fouvent, ou d'autres faits auffi étrangers, auffi indifférens à l'accufation de faux, tels que les vérifications de la fignature de M. de Richelieu chez fon notaire & ailleurs , & les négociations de fes billets , ce qui n'indiquoit même aucune efpece de délit. Enfin , quelques-uns ont eu l'effronterie de fervir M. le maréchal aux dépens de la vérité , contre le témoignage de leur propre confcience , & d'attef-ter avoir vu madame de Saint - Vincent calquer, contre-tirer , falfifier des écritures , mais en général, & fans défigner ce que c'étoient que ces écritures. Ces derniers témoins font les feuls auxquels je doive m'arrêter. Il faut voir ce qu'ils ont dit , & comment ils ont foutenu le choc de la confrontation.

La femme la Martiniere , originaire de Saintes, penfionnaire au couvent de fainte Catherine de Poi-tiers , où elle a été renfermée pour prévenir les fuites de déportemens que je veux bien ne pas qua-lifier ici , & dont la cour fera inftruite par les re-proches fournis contre cette femme à la confron-tation , a l'impudence de dépofer que madame de Saint-Vincent , pour frayer à des dépenfes confidé-rables , fuppofoit très-fouvent des lettres de M. le maréchal & de moi , & qu'elle contrefaifoit mon écriture & celle de M. le maréchal. Puis s'aperce-vant qu'elle va trop loin , & qu'elle paffe fes pou-voirs , ou qu'elle oublie fa leçon , elle fe dément fans pudeur. « Et fe reprenant, a dit qu'elle ne lui a
» pas vû contrefaire l'écriture de M. de Vedel,
» mais que feulement elle lui a vu contrefaire celle
» de M. le maréchal, pour s'en fervir auprès de M.
» de Vedel, & l'induire en erreur ; que pour con-

» trefaire l'écriture de M. le maréchal, elle fe fer-
» voit d'une vitre ; & que lorfque les phrafes de M.
» le maréchal ne quadroient pas en entier au projet
» de madame de Saint-Vincent, elle prenoit un mot
» dans une lettre, un autre dans une autre, & ajou-
» toit ainfi une fuite de difcours qui pouvoit faire
» préfumer qu'elle avoit beaucoup à attendre des
» libéralités de M. le maréchal; que d'ailleurs fon
» occupation ordinaire étoit d'écrire & de copier à
» la vitre ».

Enfin, elle affure que moi, qu'elle n'avoit jamais vu que dans les rues, j'entrois fort fouvent dans l'apartement de madame de Saint-Vincent.

Confrontée à moi, cette femme audacieufe eft obligée de fe rétraƈter & de convenir qu'elle ne m'a jamais vu entrer que trois fois dans l'apartement de madame de Saint-Vincent. Je ne manquerai point à la parole que j'ai donnée d'être vrai. Je voyois ordinairement madame de Saint-Vincent au parloir; mais la vérité eft que je fuis entré chez elle quatre fois dans l'efpace de quinze mois.

Confrontée à madame de Saint-Vincent, la femme la Martiniere eft reprochée par elle comme femme de mauvaifes mœurs, & comme fon ennemie capitale. Madame de Saint-Vincent l'interpelle en-fuite, & la fomme de déclarer *en quel temps elle l'a vue calquer* fur la vitre. Elle répond: *c'eft dans le temps que vous aviez mal à la jambe.* Or à cette époque madame de Saint-Vincent étoit retenue dans

fon

fon lit, & par conféquent il étoit impoffible qu'elle fe tînt debout à fa fenêtre, écrivant fur la vitre, dans la pofition la plus gênante. Autre interpella- tion : *d'où m'avez-vous vu calquer ?* La témoin ré- pond : *de deffus la terraffe, où j'étois.* Et cette terraffe eft du côté de la cour, oppofé à celui des croifées de madame de Saint-Vincent ; & par conféquent, impoffibilité de l'avoir vue, de cette terraffe, écrire fur la vitre. Autre interpellation encore : *combien de fois m'avez-vous vu calquer l'écriture de M. le maré- chal ?* La témoin répond effrontément : *tous les jours.* Et lorfqu'on lui repréfente l'écriture de M. le maréchal, elle déclare *qu'elle ne la reconnoît point, & ne fait de qui elle eft.* Comment donc a-t-elle pû voir calquer une écriture qu'elle ne connoît point ? Et comment l'a-t-elle pû voir calquer *tous les jours,* elle qui n'entroit jamais dans l'apartement de ma- dame de Saint-Vincent, & qui eft réduite à fuppofer qu'elle l'épioit de deffus une terraffe ?

La femme la Godiniere, de Thouars, autre *efpece* auffi méprifable que la précédente, & détenue comme elle dans le même couvent, pour caufes graves expliquées à la confrontation, dépofe que madame de Saint-Vincent, « pour mieux perfuader le fieur » de Vedel, & l'engager à la venir voir, contre- » faifoit des lettres de M. le maréchal, en les ap- » pliquant contre une vitre, *en mettant à l'envers* un » papier fur lequel elle copioit ce qu'elle vouloit ; » & que lorfqu'une phrafe entiere de M. le maré-

M

» chal ne convenoit pas à fon projet, elle prenoit
» un mot dans un endroit, un mot dans un autre ;
» de forte qu'elle compofoit une fuite de difcours
» relatif à ce qu'elle vouloit faire ; qu'elle faifoit
» efpérer au fieur de Vedel qu'elle lui feroit ob-
» tenir *un brevet de lieutenant général des armées*,
» pour le retenir plus long-temps dans fes filets ;
» qu'elle lui faifoit voir des lettres de M. le maré-
» chal qu'elle avoit contrefaites à la vitre ; qu'elle
» lui a entendu dire *plufieurs fois* qu'elle vouloit
» tâcher de tirer une fomme d'argent de M. le ma-
» réchal, pour paffer dans les pays étrangers. Elle
» a ajouté que le fieur de Vedel entroit fouvent
» dans l'apartement de madame de Saint-Vincent,
» & qu'il en vouloit plus à fon argent qu'à fa per-
» fonne ».

Cette femme la Godiniere confrontée à moi, a
été forcée de convenir ne m'avoir jamais vu entrer
qu'une fois dans l'apartement de madame de Saint-
Vincent , ne m'avoir vu qu'une feule fois avec
madame de Saint-Vincent, & cela au parloir, & en
préfence de deux autres penfionnaires. Auffi puis-je
affurer, & toute la ville de Poitiers, tout le régiment Dauphin l'attefteront avec moi, qu'on favoit
à peine que je connuffe madame de Saint-Vincent.
Et quant à la cupidité que la femme la Godiniere
me prête, comment a-t-elle pû lire dans mon ame,
elle qui convient ne me pas connoître & ne m'avoir
vu qu'une fois ou deux?

Confrontée à madame de Saint-Vincent, qui l'a reprochée sur son inimitié contr'elle, & par d'autres motifs plus graves encore, elle a eu le front de dire qu'elle reconnoissoit l'écriture de M. le maréchal, qu'elle n'avoit certainement jamais vue; & cela parce qu'avant de paroître à la confrontation, elle avoit été instruite par la femme la Martiniere de l'embarras où celle-ci s'étoit trouvée lors de la représentation de l'écriture de M. de Richelieu, qu'elle n'avoit pû reconnoître. Mais sa déposition étant démontrée fausse, & avouée telle par elle-même, dans la partie qui me regarde, elle doit être rejettée en totalité.

La fille Auvray, de Poitiers, l'une de ces petites intrigantes que la curiosité, l'intempérance de la langue & l'oisiveté attirent dans les couvens, n'ose pas avancer avoir vu calquer des écritures sur la vitre, quoiqu'elle dise avoir passé des journées entieres avec madame de Saint-Vincent; mais elle suppose qu'elle a porté à un sieur Nerbonneau, marchand, une lettre écrite par madame de Saint-Vincent sous le nom de la prieure du couvent, pour avoir crédit d'une robe; qu'elle a vu le marchand venir demander à la prieure si la lettre étoit de sa main; que la prieure ayant reconnu que c'étoit celle de madame de Saint-Vincent, elle fille Auvray en fut au désespoir, sachant que contrefaire des lettres étoit *un cas pendable*. Elle dépose aussi s'être aperçue de mes liaisons avec madame de Saint-Vincent.

M ij

Nerbonneau, entendu en dépofition, convient du fait de la lettre, & dit ne l'avoir plus en fa poffeffion. Mais il repréfente un prétendu billet d'une demoifelle des Sables, fabriqué tout exprès fans doute pour le joindre à l'information, fans qu'on ofe faire paroître la demoifelle des Sables, ni vérifier fon écriture. Ainfi le prétendu délit annoncé par la fille Auvray comme *un cas pendable*, n'exifte pas. Car la prieure, à qui l'on fuppofe que Nerbonneau a préfenté la lettre écrite fous fon nom , & qui l'a défavouée, n'en dit pas un mot. Elle affirme au contraire dans fa dépofition, que *toute la connoiffance qu'elle a des faits*, eft que madame de Saint-Vincent eft entrée dans fa maifon en mai 1771, qu'elle en eft fortie en mars 1773, & que fes penfions ont été payées. Ainfi le fait de la lettre eft une fable imaginée par la fille Auvray & Nerbonneau, & qui n'auroit pas d'ailleurs la moindre relation au procès.

Cette fille Auvray eft donc encore un faux témoin. Elle s'eft reconnue telle elle-même, lorfqu'elle m'a été confrontée, en avouant qu'elle ne m'avoit jamais vu que dans les rues de Poitiers, quoiqu'elle eût dépofé connoître mes liaifons avec madame de Saint-Vincent : or, je n'ai jamais paru dans les rues avec madame de Saint-Vincent. On auroit pû remontrer à la fille Auvray, que le faux témoignage eft fouvent *un cas pendable*.

Rofe Métayer, touriere du couvent, fuppofe

qu'un jour étant entrée dans l'apartement de madame de Saint-Vincent, pour l'avertir qu'on la demandoit au parloir, elle l'a vue occupée à sa fenêtre,
à tranfcrire *au travers d'une vître*, quelque chofe qui
étoit fur un morceau de papier *appliqué à l'envers*.
Elle ajoute m'avoir vu fouvent entrer au couvent
en habit uniforme.

Cette touriere, qui me connoît fi bien, m'a été
confrontée, & a déclaré qu'elle ne reconnoiffoit
point ma figure, mais qu'elle me reconnoiffoit à la
taille. Elle s'eft rétraĉtée de ce qu'elle avoit dit m'a-
voir vu venir au couvent en uniforme, & a prétendu
m'avoir vu entrer en redingote, vêtement qui
mafque la taille ; & par conféquent, contradiĉtion
fur contradiĉtion, fauffeté fur fauffeté.

Confrontée à madame de Saint-Vincent, & inter-
pellée de déclarer ce qu'elle vouloit dire par *tranf-*
crire au travers d'une vître, fur un papier appliqué à
l'envers ; elle fe met *à pleurer*, & répond naïvement
qu'elle n'en fait rien, qu'elle ne l'avoit pas dit, & que
c'eft le juge de Poitiers qui a arrangé tout cela à fa
fantaifie.

Le nommé Julien, qui a l'impudence de fe qua-
lifier baron, tantôt de Roquetaillade, tantôt de
Caftelnau, natif de Saint-Rome de Tars, près de
Milhaud, fils d'un fimple bourgeois du pays, &
bien connu pour un très-mauvais fujet, avoit ofé
attefter, devant le juge de Milhaud, entre autres
faits, qu'ayant comparé des lettres de M. le maré-

chal avec celles prétendues écrites à madame de Saint-Vincent, il avoit reconnu que celles-ci étoient fausses ; qu'étant à Paris, en septembre & octobre 1773, il alloit souvent voir madame de Saint-Vincent ; qu'elle lui avoit proposé, pour avoir de l'argent, des moyens qui lui avoient fait horreur ; qu'elle avoit des lettres de change sous des noms inconnus ; que, pour les négocier, elle vouloit l'engager à *altérer la vérité* des signatures ; que je ne quitois presque jamais madame de Saint-Vincent.

A la confrontation, ce témoin est reproché comme un imposteur & un parjure ; & quelle est sa réponse ? Il se rétracte pleinement sur tout ce qu'il avoit déposé. Il convient que, pendant un mois entier, quoi que je fusse alors à Paris, il est allé chez madame de Saint-Vincent, sans m'y trouver ; ce qui prouve que je n'étois pas sans-cesse avec elle. Il convient que je ne lui ai jamais parlé des affaires de cette dame, & qu'il ne m'en a jamais parlé. Il désavoue sa déposition, en disant qu'elle avoit été mal rédigée. C'est un homme de cette espece qu'il faloit décreter.

Enfin Saint-Jean, ce laquais de M. de Richelieu, que madame de Saint-Vincent affirme être celui qui lui a apporté de sa part le paquet contenant les billets, avoit déposé, sans doute de l'ordre de son maître, n'avoir jamais été chargé de paquet de la part de M. de Richelieu pour madame de Saint-Vincent, quoique l'abbé Froment fût avec elle au moment où

il avoit apporté le paquet en queſtion. Et lorſqu'il eſt confronté à madame de Saint - Vincent
qui lui rappelle toutes les circonſtances, qui lui
rappelle les bontés qu'elle a toujours eues pour
lui, qui lui rappelle notamment qu'à l'inſtant qu'il
lui a remis le paquet, elle lui a donné un écu de ſix
frans le ſeul argent qu'elle eut ſur elle, il garde le
ſilence, ſes yeux ſe rempliſſent de larmes, la honte &
le remord ſemblent prêts à le trahir ; mais il tourne
la tête du côté oppoſé à madame de Saint-Vincent, &
finit par dire *qu'il ne s'en reſſouvient point.*

Voilà les témoins qu'a fait entendre M. le maréchal de Richelieu. Voilà ceux qui ont chargé
madame de Saint-Vincent. Je ne crains pas de le
dire : ſi ce ne ſont point de faux témoins, des
témoins évidemment ſubornés, ſoudoyés par l'accuſateur ; jamais la juſtice n'en trouvera de tels
dans aucune affaire. Mais la cauſe de ce nouveau
délit, quelque puniſſable qu'il ſoit, eſt encore
plus horrible que le délit même. C'eſt dans les
lettres de madame de Saint - Vincent, c'eſt dans
cette correſpondance qui devoit être une choſe ſa-
crée pour tous ceux qu'elle ne concernoit pas, pour
M. le maréchal ſur-tout, à qui ſa naiſſance & les
dignités dont il eſt revétu, impoſoient plus de reſ-
peɛt pour lui-même, qu'on a trouvé les traces de
l'inimitié capitale qui regnoit entre ſa parente &
les femmes la Martiniere & la Godiniere. Et ce
ſont ces êtres mépriſables qu'on eſt allé chercher

pour rendre témoignage contre madame de Saint-Vincent ! Ce font ces mêmes femmes qu'on fuborne & qu'on paye! C'eft à ces viles créatures qu'un duc & pair, un maréchal de France ne balance pas de recourir, pour perdre une parente, pour déshonorer, pour livrer à un opprobre éternel fa propre famille , dans la perfonne d'une femme dont lui feul a caufé tous les malheurs! quel délire! quelle dépravation !

Ce n'eft pas tout : cette affreufe diffamation n'opere rien en faveur de M. le marechal de Richelieu. Il étoit tenu de prouver que les billets argués de faux avoient été fabriqués & calqués par madame de Saint-Vincent ; & non-feulement les témoins dont il invoque le fuffrage , fe démentent eux mêmes ; mais aucun ne dépofe du fait qu'il faloit prouver.

Ainfi, ni *preuve phifique* , ni *preuve morale*, qui *indique l'auteur* du délit, fi le délit exifte. Et les *interrogatoires* de l'accufée, *les pieces émanées d'elle-même & qu'elle reconnoît*, les *informations*, ne *démontrent* en aucune maniere que madame de Saint-Vincent foit l'auteur du prétendu faux. Ainfi fi les fignatures appofées au bas des billets argués de faux, ont été faites fur un tipe, un modéle commun, qui les rend égales & uniformes, ce n'eft point à madame de Saint-Vincent qu'il faut s'en prendre. Ce n'eft point elle qui s'eft fervie de ce tipe. Et puifque les billets font fortis de l'hôtel de M. de Richelieu, comme elle l'affirme, fans qu'il adminiftre aucune preuve

contraire;

contraire; ce même tipe ne peut être autre qu'une *griffe*, une *eſtampille*, ou tel autre inſtrument dont on prétend qu'il ſe ſert pour s'éviter la peine des ſignatures.

Madame de Saint-Vincent n'eſt donc pas coupable. Je viens de le démontrer. Suppoſons néanmoins pour un moment qu'elle le ſoit : ai-je eu, ai-je pu avoir connoiſſance du faux qui lui eſt imputé ? Peut-on me regarder comme complice de ce crime ? C'eſt ce qui me reſte à examiner.

QUE madame de Saint-Vincent me pardonne cette hipothèſe. Elle coûte aſſez cher à mon cœur ; & plus d'une fois ma main s'eſt refuſée à la tracer ſur le papier. Mais enfin ce n'eſt qu'une hipothèſe, une ſuppoſition d'un moment. J'ai défendu madame de Saint-Vincent. Il faut que je me défende à mon tour. Et j'aurai même encore cette douce ſatisfaction dans le nouveau combat que je vais livrer à mon adverſaire, que les coups que je lui porterai feront des bleſſures ſi profondes, qu'il ſera hors d'état de continuer à la bleſſer elle-même.

Je me flate que les faits dont j'ai rendu compte, ont déja parfaitement établi mon innocence. Je n'ai connu madame de Saint-Vincent qu'à Poitiers, c'eſt un point conſtant au procès ; ainſi je n'ai pû avoir aucune part aux projets de faux dont M. de Richelieu prétend qu'elle s'occupoit dès Milhaud.

TROISIÉME ET DERNIERE PROPOSITION.

En ſuppoſant madame de Saint-Vincent coupable du faux en queſtion, le ſieur de Vedel n'en eſt point complice.

N

Des befoins, des fervices mutuels ont été le principe de nos liaifons, comme ils le font de celles de la plupart des autres hommes. Madame de Saint-Vincent manquoit d'argent : je lui en prêtai. Il me faloit des recommandations à la cour : elle m'a procuré la protection de M. de Richelieu, fon parent.

Pour fortifier ma confiance dans fa folvabilité, madame de Saint-Vincent m'a montré des lettres, qu'elle me difoit lui être écrites par M. le maréchal, & qui contenoient, de fa part, des promeffes précifes de lui faire toucher une fomme confidérable.

J'ai vu dans les mains de madame de Saint-Vincent, pour 420000 livres de billets qu'elle m'a dit & que j'ai cru être fignés par M. de Richelieu.

Elle m'a prié de lui aider à faire la négociation d'un de ces billets qui étoit de 25000 livres ; je m'y fuis prêté, pour l'obliger. Ma bonne foi étoit telle, qu'après avoir conduit l'acheteur chez le notaire de M. le maréchal, où il avoit voulu vérifier la fignature, & voyant qu'il balançoit encore à terminer, je l'ai invité à l'aller vérifier vis-à-vis de M. le maréchal lui-même. Je lui ai remis le billet. Il s'eft tranfporté plufieurs fois à l'hôtel fans pouvoir parvenir jufqu'au maître ; il eft revenu à moi, m'a propofé de lui garantir du moins la fignature par un écrit de ma main, j'y ai confenti, & la négociation s'eft opérée.

Il ne réfulte de tout cela, ce me femble, aucun délit, aucune apparence de délit; & quand on fonge que pour ces faits, un tribunal m'a décrété, mis au cachot, interrogé, réglé à l'extraordinaire, recolé, confronté, & que depuis neuf mois, je refte dans les fers; quand on fe rappelle tout ce qui s'eft paffé dans le cours de ces barbares procédures, on tremble, on frémit, on porte la vue de tous côtés, on veut s'affurer fi, par quelque funefte enchantement, on n'a pas été tout-à-coup tranfporté de France en Afie, & fi ce n'eft pas un vifir qui a inftruit mon affaire.

Quoi qu'il en foit, il faut voir avec quel art perfide M. le maréchal a trouvé le moyen d'empoifonner, de dénaturer des faits auffi fimples.

Quand on examine de près la conduite du fieur de Vedel, dit-il d'abord (1), *la nature de fes liaifons avec la coupable, les monumens qui en exiftent, qui en dévelopent l'objet & les refforts, les manœuvres qui en réfultent, les titres même qu'il invoque, pour établir fa prétendue bonne foi, fa propre défenfe,* on *découvre en lui un véritable complice, & peutêtre même L'UNIQUE CAUSE de tous les malheurs de madame de Saint-Vincent.*

Mais la réponfe à cet exorde, froidement atroce, eft trop facile : *quand on examine de près la conduite de* M. le maréchal duc de Richelieu,

---

(1) Mémoire contre le fieur de Vedel, page 4.

paire de France , *la nature de ses liaisons avec* madame la présidente de Saint-Vincent, sa cousine, *les monumens qui en existent & qui en developent l'objet & les ressorts, les titres même qu'il invoque pour établir sa* calomnieuse accusation : quand on voit M. le maréchal de Richelieu braver par son crédit toute une famille respectable dont le vœu avoit été consacré par le prince, & faire transférer sa parente, de Milhaud à Tarbes , & de Tarbes à Poitiers, pour la trouver sur son passage à Bordeaux ; on *découvre en lui*, non pas *peut-être*, mais très-certainement, *l'unique cause de tous les malheurs de madame de Saint Vincent ;* & l'on est bien étonné , pour ne rien dire de plus, de l'indiscrétion qu'il a eue de m'adresser un pareil reproche.

Quant à moi, qu'importe *la nature de mes liaisons* avec cette dame, & *les monumens qui en existent*, à un prétendu faux qui n'y a pas le moindre raport , & dont on n'y trouve , ni *l'objet* , ni *les ressorts*, ni le moindre vestige, ni le plus léger soupçon ? Où sont *les manœuvres qui en résultent ?* Il n'y a de *manœuvres* dans toute cette affaire, que celles employées par M. de Richelieu pour perdre sa parente, femme issue d'un sang illustre, & moi, militaire *estimé*, décoré, mis par mes émules au rang des hommes *d'honneur* & des officiers de *distinction.* Voilà ce que prouvent mes *titres* & ma *défense*, & non pas que je sois *complice* d'un crime abject dont l'idée seule m'infpire autant d'horreur, que la calomnie qui emprunte les armes de l'autorité pour fraper ſes victimes.

Pour mieux apprécier ma *conduite*, M. de Richelieu (1) me *conſidere dans deux époques principales.* Il *examine* mes *liaiſons* avec madame de Saint-Vincent, *& la part que j'ai priſe à toute l'hiſtoire des faux titres, d'abord pendant le ſéjour de madame de Saint-Vincent à Poitiers, enſuite depuis* mon *arrivée à Paris.*

J'accepte ſa diviſion; & je vais le ſuivre dans ce double examen.

Premiere époque : M. le maréchal *nie* (2) *cette correſpondance intime, cette confidence miſtérieuſe qui auroit placé le ſieur de Vedel comme tiers entre lui & madame de Saint-Vincent, & que ſembleroient ſuppoſer les* prétendues *lettres & copies de lettres de* M. *de Richelieu, produites par les accuſés ou ſaiſies ſur eux. Un ſeul mot ſuffiroit pour détruire cette fable : les lettres ſont arguées de faux; & les copies de lettres ne ſont pas accompagnées des originaux.* De plus, *le ſieur de Vedel convient dans ſes interrogatoires,* 1°. *ne s'être jamais trouvé avec* M. *de Richelieu chez madame de Saint-Vincent, & même s'être retiré avec les autres perſonnes qui y étoient, un jour que* M. *le maréchal y eſt arrivé.* 2°. *N'avoir jamais eu de ſecret, ni verbalement, ni par écrit, de la part de* M. *le ma-*

____

(1) Page 5.
(2) Page 6 & ſuivantes.

réchal ; & que ce sont des folies de madame de Saint-Vincent.

M. le maréchal fait très-bien de nier la correspondance qui a regné entre nous, puisqu'il a pris soin d'en écarter la plupart des monumens en s'emparant de tous les papiers de sa cousine, & que d'ailleurs il trouve cela commode. Si, dans les lettres qui subsistent, il y en a d'arguées de faux, peu m'importe. On ne m'accuse point, on n'osera jamais m'accuser de les avoir fabriquées ; & j'ai démontré que le faux, tel qu'on le suppose avoir été commis, étoit encore plus impraticable pour des lettres, que pour des signatures de billets.

J'ai refusé constamment dans mes interrogatoires, de déclarer le *secret* d'entre M. le maréchal & moi ; & pour me délivrer de l'opiniâtre & fatigante partialité de mon juge, j'ai fini par dire qu'il n'y avoit point de *secret,* & que *c'étoit des folies de madame de Saint-Vincent :* par égard pour M. le maréchal, encore plus pour madame de Saint-Vincent, je ne voulois pas dire qu'il m'avoit recommandé de prendre soin des affaires de sa cousine, de payer secrettement ses dettes, de placer l'argent qu'il lui avoit promis. Voilà ce *secret* dont il a fait tant de bruit, que je croyois devoir garder, & dont l'existence est prouvée par une lettre de M. de Richelieu, déposée au greffe. Il m'a forcé à le dévoiler, depuis qu'il a fait imprimer & publier mes interrogatoires.

J'ai dit ne m'être point trouvé avec lui chez madame de Saint-Vincent, & qui plus est, m'être retiré lorsqu'il y est venu. C'est *l'époque* de mon séjour à Poitiers, que M. le maréchal examine en ce moment ; & néanmoins il y mêle un événement qui n'est arrivé qu'à Paris. N'importe. Je vais répondre sur le tout.

M. le maréchal alloit visiter à Poitiers madame de Saint-Vincent, & l'alloit visiter aux heures où je n'étois pas au parloir. Il étoit tout simple que nous ne nous trouvassions pas ensemble. Il est vrai qu'un jour, devant diner avec lui chez l'évêque, je passai le matin au parloir, où madame de Saint-Vincent me fit part d'un billet de M. le maréchal, qui lui annonçoit sa visite pour l'après midi; & qu'en effet, après le diner, je vis M. le maréchal monter en voiture avec le prélat, & leur entendis dire qu'ils alloient chez madame de Saint-Vincent; ce que plusieurs officiers du régiment Dauphin, qui avoient dîné comme moi à l'évêché, virent & entendirent également (1). Mais deux choses à remarquer ici : M. le maréchal faisant visite à sa cousine, accompagné de l'évêque, il est clair que je ne pouvois pas être présent à cette visite. C'est donc de mauvaise foi que M. le maréchal me dit que je n'ai pas profité de ses visites chez madame de Saint-Vincent pour me présenter à lui. De plus,

____

(1) Premier interrogatoire du sieur de Vedel, article 3.

le billet de M. le maréchal & cette visite de sa part à madame de Saint-Vincent, étoient de nouvelles raisons pour me persuader que les lettres qu'elle me disoit recevoir de lui, en venoient effectivement (1).

M. le maréchal alloit également visiter à Paris madame de Saint-Vincent. Il y vint un jour que j'étois chez elle : deux autres personnes, l'abbé de Transe & le sieur de Castelnau, étoient présentes, lorsqu'on annonça M. le maréchal. Madame de Saint-Vincent nous pria tous trois de passer dans sa salle à manger, parce qu'elle vouloit, disoit-elle, être libre avec lui. Il y auroit eu plus que de l'indiscrétion à s'y refuser, comme il y a beaucoup plus que de l'indiscrétion à M. le maréchal à relever de pareils faits, à les imprimer. On va le voir.

Nous passons dans la salle à manger, qui n'étoit séparée que par une cloison, de la piéce où se tenoient M. le maréchal & madame de Saint-Vincent. Nous distinguions parfaitement la voix de M. le Maréchal ; mais nous ne pûmes pas suivre la conversation ; & nous n'entendîmes *bien distinctement que des paroles obscenes* de la part de M. le maréchal (2). Que l'on joigne ce fait aux lettres de M. le maréchal produites par madame de Saint-Vincent, & qu'il n'osera jamais avouer ni désavouer. Je rougis, je suis indigné qu'on m'oblige à me justifier par de pareils faits, qu'on me réduise à

____

(1) Second interrogatoire du sieur de Vedel, articles 34 & 35.
(2) Là-même.

justifier ainsi, par mon indignation, ma justification même.

Mais n'ai-je pas tort aussi? car, que font ce *secret* & ces *visites*, à la question sur laquelle ils'agit de statuer? Qu'il y ait eu ou non un *secret* entre M. le maréchal & moi, que j'aye ou que je n'aye point vu M. de Richelieu lors de ses *visites* chez madame de Saint-Vincent, tout cela n'est-il pas parfaitement égal pour mon affaire? Seront-ce jamais là des preuves que je suis complice du faux dont il l'accuse? Cependant il me cite à chaque instant au tribunal de l'opinion. J'y serai jugé. Il faut répondre à tout, réfuter tout, excepté ce qu'il seroit déshonorant de réfuter.

La correspondance d'entre madame de Saint-Vincent & le sieur de Vedel, dit M. le maréchal (1), *offre d'abord trois conséquences qui méritent beaucoup d'attention.*

1°. On en voit résulter la liaison la plus intime... Nous tirerons le voile de la discrétion & de la pudeur... Mais... les lettres de madame de Saint-Vincent... annoncent le major comme son ami le plus zélé & le dépositaire de ses secrets. On y voit qu'elle s'étoit abandonnée à la conduite du major, qu'il dirigeoit ses démarches, concertoit avec elle les lettres qu'elle écrivoit à M. le maréchal, & lui en fournissoit les modeles.

____

(1) Mémoire contre le sieur de Vedel, page 10 & suivantes.

O

Et ce n'eſt pas ſe jouer des mœurs! ce n'eſt pas leur inſulter, que de dire qu'on *tirera le voile de la diſcrétion & de la pudeur*, quand on a commencé par le déchirer! Ames honnêtes! je ſaurai ſupporter cette froide & cruelle ironie ; mais puiſſent mon reſpect pour vous & le ſilence qu'il m'impoſe, ne point être un obſtacle au triomphe de la vérité!

Ma correſpondance avec madame de Saint-Vincent annonce une *liaiſon* , je le ſai : j'en ai dit ci-deſſus le principe & les motifs, & certainement ils n'avoient rien qui pût allarmer la délicateſſe d'un homme d'honneur. Sans doute, j'étois pour madame de Saint-Vincent un *ami zélé ;* j'étois *le dépoſitaire* de ce qu'elle appelloit *ſes ſecrets* avec M. le maréchal de Richelieu ; du moins, je croyois l'être. On ne voit, ni dans ſa correſpondance, ni dans aucune piéce du procès, qu'elle m'en confiât d'autres que ceux-là. Or, ces *ſecrets*, en quoi conſiſtoient-ils ? En promeſſes de la part de M. le maréchal, de faire toucher à madame de Saint-Vincent, diſoit-elle, des ſommes conſidérables, dont une partie devoit être placée pour lui former des revenus, & l'autre ſervir à payer ſes dettes. A mon égard, l'intérêt que j'avois à cela, étoit de m'aſſurer, s'il étoit poſſible, d'une part, la protection de M. le maréchal, & de l'autre, le rembourſement des ſommes que j'avois prêtées à ſa couſine. Il étoit donc tout ſimple que je donnaſſe des conſeils à madame de Saint-Vincent, que je concertaſſe avec elle les lettres qu'elle écrivoit à ſon parent, & même que je lui fiſſe par fois des modeles de ces lettres.

Mais ſur la correſpondance de madame de Saint-Vincent avec M. le maréchal & moi, je dois faire deux remarques importantes.

La premiere, eſt que dans cette grande quantité de lettres, de projets de lettres, de copies de lettres, on ne voit pas un mot qui annonce ou qui faſſe ſeulement ſoupçonner le deſſein ni le complot d'un faux. Malgré les efforts inouis que fait M. le maréchal, & l'art qu'il employe pour y faire trouver au moins quelques préſomptions en faveur de ſon fiſtême, en prenant un mot dans une lettre, une ligne dans une autre, une phraſe ou deux dans une autre ; comme la cour ſe fera mettre ſous les yeux les pieces entieres, je ſuis tranquille.

La ſeconde eſt, que ſi je me donnois quelques peines auprès de madame de Saint-Vincent pour la rédaction de ſes lettres, c'eſt encore une preuve de la bonne foi dans laquelle j'étois, que ce qu'elle me diſoit des promeſſes de M. le maréchal, étoit très-ſérieux & très-vrai.

2°. *L'objet des lettres dont le ſieur de Vedel faiſoit les brouillons, étoit de tirer de l'argent de M. de Richelieu, de preſſer l'exécution de ſes prétendues promeſſes, & de réaliſer la fortune dont on avoit flaté la cupidité du ſieur de Vedel. Cet argent, dont on preſ-*

soit l'arrivée avec tant d'ardeur, devoit tourner à son profit en partie. Une seule des lettres de madame de Saint-Vincent démontre cette vérité. Elle écrit au sieur de Vedel : « Je viens de recevoir une lettre de M.
» Peschot, de Bordeaux. Il me dit de me tenir prête
» dans tout le mois d'octobre, qu'il est chargé de me
» compter, en passant, 255000 livres. Donnez-moi
» vîte des nouvelles de ce que vous faites pour vo-
» tre argent. . . . . . . toujours soyez réservé avec le
» maréchal. Ne lui témoignez pas vous souvenir de
» rien, de peur qu'il ne pense que vous y avez in-
» térêt ».

Sans doute l'objet des lettres de madame de Saint-Vincent à M. le maréchal, étoit de presser ce dernier pour l'exécution des promesses qu'elle me disoit qu'il lui avoit faites. Je rédigeois quelques-unes de ces lettres. Il n'y a rien là que de très-innocent. Mais c'est assurément dans sa tête que M. le maréchal a pris qu'il s'agissoit de *réaliser la fortune dont on avoit flaté ma cupidité.* Il n'a trouvé cela, ni dans les lettres de madame de Saint-Vincent, ni dans les miennes, ni dans aucune des pieces du procès. Il a trouvé précisément le contraire. De tout l'argent *dont on pressoit l'arrivée avec tant d'ardeur,* je ne devois toucher que ce qui m'étoit dû pour les prêts que j'avois faits à madame de Saint-Vincent, & dont j'avois besoin. La lettre du sieur Peschot, vraie ou fausse, ne prouve rien, si ce n'est encore ma bonne foi. Madame de Saint-Vincent craignoit de m'impatienter

par de trop longs retards. Elle me donnoit l'efpé-
rance d'un prochain rembourfement, & me demandoit ce que je faifois pour mon argent, parce qu'elle
favoit combien je m'étois mis à la gêne pour elle.
Je m'imaginois que fi elle me recommandoit d'être
réfervé avec le maréchal, c'étoit parce qu'elle ne vouloit, ni qu'il fût à combien montoient les fommes
qu'elle m'avoit empruntées, ni que j'euffe l'air de
m'en fouvenir vis-à-vis de lui, ou d'avoir un fi grand
intérêt à ce qu'il envoyât des fonds. Une preuve que
je ne prétendois avoir d'autre intérêt à l'envoi des
fonds , que celui de mon rembourfement , c'eft le
refus conftant que j'ai fait d'un des deux billets de
60000 livres; c'eft que je me fuis borné à ma créance,
fur laquelle je n'ai même reçu que 4000 livres.
Enfin , dans tout cela , point de preuve de faux,
point de preuve de complicité de faux. Je l'ai déja
dit bien des fois. Je prie qu'on me le pardonne. Je
ferai obligé d'y revenir encore.

Au furplus cette lettre dont argumente M. de
Richelieu, me procure un avantage. Elle le conftitue
en menfonge. Elle prouve que je le voyois, que
je lui écrivois, & même affez fouvent, puifqu'on
me recommandoit la *réferve* avec lui.

3°. *Madame de Saint-Vincent n'a pas rougi d'avouer
qu'elle avoit voulu faire accroire à M. de Richelieu....*
(Je m'interromps ; non, ma plume ne l'écrira pas. Je
veux que ma défenfe foit honnête & pure comme
mon cœur, qui eft foible peut être, mais non pas cor-

rompu.) *Il eſt certain que madame de Saint-Vincent a indiqué au ſieur de Vedel l'uſage de cette ruſe infâme, comme un des moyens qu'elle employoit pour attirer l'argent de M. de Richelieu. Il eſt certain que le ſieur de Vedel a connu & ſecondé ce projet. Il s'eſt trouvé dans ſes papiers deux copies de la main de madame de Saint-Vincent, de deux prétendues lettres de M. de Richelieu, qui ſuppoſent que ce dernier auroit adopté l'erreur ; & une lettre de madame de Saint-Vincent, où elle marque au ſieur de Vedel avoir preſſé vivement M. de Richelieu de lui envoyer de l'argent. Le ſieur de Vedel n'a donc point ignoré le plan de madame de Saint-Vincent ; & les prétendues réponſes de M. de Richelieu ont dû lui faire croire qu'il avoit donné dans ce piege odieux. C'eſt avoir coopéré au complot, que de ne point s'être oppoſé à ſon exécution. Diſons mieux : ce complot étoit concerté avec lui. Madame de Saint-Vincent lui diſoit dans une lettre :* » avoir mandé au » maréchal d'écrire à Peſchot qu'elle étoit en état de » recevoir cet argent tant promis, ſur lequel elle avoit » compté ». *Elle demandoit en même-tems au ſieur de Vedel s'il étoit content d'elle, & promettoit de faire tout ce qu'il voudroit..... Et c'eſt un homme attaché à une profeſſion dont l'honneur eſt le caractere diſtinctif, c'eſt un militaire qui ſe prête à des manœuvres auſſi viles, pour procurer à une femme intrigante, une fortune illégitime qu'il ſe propoſe de partager.*

Honneur ! idole des François ! eſt-ce bien moi que M. le maréchal de Richelieu oſe accuſer de manquer à tes loix , de me *prêter à de viles manœuvres*, *de diriger une femme intrigante* , de vouloir *partager* avec elle *une fortune illégitime ?*

Madame de Saint-Vincent *n'a pas rougi d'a-* *vouer !* ... quoi ? eft-ce le faux qu'on lui imputoit ? Non, c'eft un fait abfolument étranger à ce titre d'accufation. Pour quelle raifon & de quel droit ofiez-vous donc l'interroger, la preffer, la tourmen-ter fur ce fait , dont la publicité caufoit un fcandale affreux, fans aucune utilité pour la décifion du pro-cès ? Quelle conféquence prétendez - vous donc en tirer contre moi ?

Vous m'avez interrogé , preffé , tourmenté moi-même fur ce même fait ; & voici ce que j'ai répon-du (1) : « que j'étois comme accufé d'une fabrication » de billets fuppofés faux, & que le fait en queftion » n'ayant rien de commun avec l'accufation, l'on » ne devoit pas m'en parler ; qu'au refte , QUOIQUE » LA QUESTION FUT PLUS QU'INDIRECTE VIS-A-VIS » D'UN HOMME D'HONNEUR, je déclarois que ce fait » étoit faux ; que je ne me reffouvenois pas d'une » lettre de M. le maréchal, qui parlât de ce même » fait ; qu'il n'y avoit jamais eu de complot entre » madame de Saint-Vincent & moi ; qu'à l'égard » des efforts qu'elle faifoit pour fe procurer de l'ar-» gent, c'étoit dans la vue de me rendre celui que » je lui avois prêté, même à la confidération de

____

(1) Second interrogatoire du fieur de Vedel, articles 10, 11, 19, 20 & 22.

» M. le maréchal ; que M. le maréchal n'avoit point
» le droit de faire faire des informations sur mes
» vie & mœurs ; que la plainte portée contre moi
» n'avoit d'autre objet qu'une fabrication de billets
» prétendus faux ; que je n'en avois jamais fait ni
» vu faire ; que toutes les fois qu'on s'écarteroit de
» cette question, je n'avois rien à répondre & ne ré-
» pondrois rien ; que je n'étois capable d'entrer dans
» aucun complot de fausseté quelconque ; qu'on ne
» parviendroit jamais à me le prouver, parce que le
» fait n'existoit pas ; que madame de Saint - Vincent
» m'avoit montré des lettres de M. le maréchal, que
» j'avois crues & que je croyois encore vraies ; que
» quant aux propros qu'elle m'avoit tenus & aux let-
» tres qu'elle m'avoit écrites au sujet du fait en ques-
» tion, je les avois regardés comme des folies de son
» esprit ; que quand j'aurois cru ce qu'elle me disoit à
» cet égard, je n'aurois pu que chercher à l'empê-
» cher de rien faire accroire à M. le maréchal, &
» n'aurois pas dû être son délateur ».

Ni les écrits de madame de Saint-Vincent, ni les
miens, ni les dépositions des témoins, ni enfin au-
cunes des pieces du procès, ne contiennent rien de
contraire à ces déclarations que j'ai faites sous la
religion du serment.

Toutes les lettres que madame de Saint-Vincent
m'a montrées comme venant de M. de Richelieu,
je les ai cru vraies ; & j'ai dû les croire telles, parce
que le faux ne se suppose pas ; parce qu'à présent

même

même que la conduite des accusés & les pieces atta- quées comme fausses, ont passé au creuset de l'ins- truction criminelle, il n'existe encore aucune preuve juridique de faux.

Si je *conseillois* madame de Saint - Vincent, si je la *pressois* d'écrire à son parent, ce n'étoit qu'en ce qui concernoit, d'un côté la grace que je sollicitois à la cour, & d'un autre les se- cours pécuniaires promis par M. le maréchal, auxquels je m'intéressois pour me procurer le remboursement des sommes que j'avois prêtées. Il étoit donc naturel qu'à cet égard madame de Saint-Vincent me promît de faire ce que je jugerois à propos. Et j'ai bien prouvé, ce me semble, que mon dessein n'étoit pas de *partager* avec elle une *fortune illégitime*, quand, au lieu d'accepter le billet de 60000 livres qu'elle m'avoit offert gratui- tement, je me suis contenté de recevoir 4000 livres à compte de ma créance.

Mais, ajoute-t-on (1), *comment le sieur de Vedel a-t-il pu croire à des promesses, absurdes par leur seul excès, & auxquelles il ne pouvoit voir aucun prin- cipe apparent? Il n'a pû ignorer que M. le maréchal n'est venu voir madame de Saint - Vincent à Poitiers que quatre fois dans le cours de deux années, & tou- jours par occasion. La fable même présentoit une foule d'absurdités qui ne pouvoient attirer la crédulité d'un*

____

(1) Mémoire contre le sieur de Vedel, page 20 & suivantes.

P

homme raisonnable. Vingt fois il avoit convaincu de menſonge madame de Saint-Vincent. Il en avoit conçu contr'elle la plus grande méfiance. Il l'avoit même convaincue d'une impoſture capitale. Il avoit découvert que la correſpondance d'entr'elle & le ſieur Peixotto, banquier qui devoit, diſoit-elle, lui apporter une ſomme de cent mille écus, n'étoit qu'une ſuppoſition. De ce moment, ſa bonne foi expire.

Il m'a ſans doute été permis de croire à des pro-meſſes, quelque *exceſſives* qu'elles fuſſent, quand je les voyois faites, réitérées, confirmées par une foule de lettres de M. le maréchal, que les couriers ap-portoient en ma préſence à madame de Saint-Vincent. Il ne m'apartenoit pas, & je n'avois pas beſoin, pour trouver des motifs de crédibilité, de chercher à pénétrer celui des engagemens de M. de Richelieu. Je ſavois que c'étoit en abuſant de ſon crédit, & contre le vœu d'une famille illuſtre, qu'il avoit fait transférer ſa couſine, de Milhaud à Tarbes, & de Tarbes à Poitiers. Voilà bien un fait qu'il n'a jamais oſé contredire. Il ne m'en faloit pas davan-tage. Toutes les *abſurdités*, tous les *menſonges* qu'avoit pû me préſenter madame de Saint-Vincent avant l'arrivée de ces lettres de M. le maréchal, toute la *méfiance* que j'avois pû concevoir contre cette dame, devoient diſparoître & s'effacer de mon eſprit, lorſqu'une fois elle m'a eu produit des témoins auſſi convaincans. L'hiſtoire même de la correſpondance vraie ou fauſſe d'entr'elle & le fieur Peixotto, ne pouvoit plus faire la moindre impreffion fur moi ; car je n'avois pas vû le facteur apporter les lettres de ce banquier. Ma bonne foi étoitdonc loin d'*expirer*. J'avouerai feulement que, voyant toujours dans les lettres de M. le maréchal beaucoup de promeffes & jamais rien d'effectué, je commençai à croire qu'il fe jouoit de fa parente, & nous en impofoit à tous deux. Et cette idée que je ne tardai guere à prendre de M. le maréchal, donnera fans doute à mes juges, à tous mes lecteurs, l'explication de ces vives inftances que je faifois auprès de madame de Saint-Vincent pour ce qui me regardoit, & de ce grand empreffement que je témoignois toujours de lire les lettres apportées par les couriers. Créancier d'une fomme de 10000 livres, dont j'avois emprunté partie, je ne pouvois qu'être fort inquiet de ne point voir l'accompliffement des promeffes de M. le maréchal. Voilà ma conduite. Voilà mes motifs. Je crois qu'ils font clairs, & hors de critique. Et s'il arrivoit enfin que les lettres & les billets attribués à M. de Richelieu fuffent jugés faux ; qu'en pouroit-il réfulter, finon qu'à la vérité madame de Saint-Vincent n'auroit pas été trompée par M. de Richelieu, mais que je l'aurois été moi par madame de Saint-Vincent?

Cette explication ainfi donnée des raifons qui m'ont fait agir, ma bonne foi eft-elle affez évidente? Et quand on voit M. le maréchal de Richelieu témoigner un si profond mépris pour sa parente, en parler comme d'une femme qu'il connoît à peine & qu'*il n'a vue que quatre fois & par occasion dans le cours de deux années*, se faire un moyen contre moi de cette circonstance que selon lui je ne *pouvois ignorer*; tandis que cette affaire devenue malheureusement trop célebre, montre à toute la France les liens qui le tenoient attaché à madame de Saint-Vincent ; est il possible de ne pas se dire à soi-même : si c'est le mensonge qu'il s'agit de punir, c'est l'accusateur qui est le coupable ?

M. le maréchal de Richelieu ne trouvant aucune trace de faux dans les pieces originales produites au procès, a recours (1) à des copies qui se sont trouvées, dit il, en ma possession, de plusieurs lettres de lui à madame de Saint-Vincent. *Ce ne sont point des copies*, ajoute-t-il; *mais des projets & des modeles de contrefaction. Madame de Saint-Vincent dévoile à son confident tous les secrets de son art, & le projet qu'elle ose concevoir. Le faux se concerte & s'exécute.*

A ce ton tranchant, qui ne croiroit que M. le maréchal a trouvé enfin cette démonstration qu'il nous promet depuis si long-temps ? Qui ne croiroit qu'on va nous faire voir des *contrefactions* qui prouveront que *les copies de lettres* étoient *des modeles de contrefaction* ; qu'on va nous faire voir des actes, des titres, des écrits par lesquels madame de

---

(1) Page 29 & suivantes.

Saint-Vincent *dévoile* au fieur de Vedel *tous les fe-crets de fon art & le projet qu'elle conçoit ;* qu'on va nous faire voir des pieces ou des témoins qui attefte-ront que le faux a été *concerté & exécuté ?*

Cependant rien de tout cela. Il feroit en effet bien extraordinaire qu'on trouvât dans quatorze copies de lettres, la démonftration d'un faux dont on ne voit pas la moindre trace, ni dans plus de huit cents pieces originales produites au procès, ni dans les mor-tels interrogatoires des accufés, ni dans les dépofitions d'un peuple de témoins. Ainfi, des fubtilités & des fophifmes, où il faudroit des titres ; de la métaphi-fique, où il faudroit des faits ; de prétendues proba-bilités morales, où il faudroit des preuves phifiques d'un faux matériel : telle eft toute l'économie des moyens que préfente ici M. de Richelieu ; moyens déjà réfutés par mes difcuffions précédentes.

Voici feulement fur quoi je dois m'arrêter (1) : *il s'eft trouvé dans les papiers du fieur de Vedel un grand nombre de fragmens ou de morceaux découpés de lettres vraies ou fauffes de M. de Richelieu. Ces fragmens, inutiles pour raffurer la bonne foi du fieur de Vedel, ne font & ne peuvent être que les débris des originaux découpés & défigurés pour faciliter les con-tretiremens par lefquels on eft parvenu à fabriquer les fauffes lettres attribuées à M. de Richelieu. Que le fieur de Vedel ceffe donc enfin de nous vanter fa bonne foi.*

----

(1) Là-même, & page 39.

Que l'on daigne fe rappeller mes faits , tels que je les ai prouvés ; & ce nouveau fophifme tombe de lui-même. J'avois une place à folliciter à la cour. Madame de Saint-Vincent s'étoit intéreffée pour moi auprès de M. de Richelieu. Celui-ci lui avoit promis de parler en ma faveur. Ils étoient en correfpondance réglée ; & leurs lettres refpectives parloient fouvent de moi, de la grace militaire que je demandois, de l'argent que M. de Richelieu devoit faire toucher à madame de Saint-Vincent. Ce dernier objet, quoiqu'il me fût étranger, devoit m'intéreffer comme créancier de madame de Saint-Vincent. Elle découpoit donc les lettres, détachoit & me donnoit ou m'envoyoit les morceaux qui traitoient de ces différens articles. Elle faifoit plus : lorfque les deux côtés de la page fe trouvoient écrits, & que l'un des deux parloit d'autres objets, elle effaçoit ce côté de maniere à m'en rendre la lecture impoffible. C'eft ce qu'on voit par deux fragmens pareils qui font encore en ma poffeffion, que j'ai cités dans le récit des faits, & que je produirai s'il eft néceffaire. C'eft donc encore défigurer, empoifonner les faits les plus fimples & les plus naturels, que de vouloir faire envifager ces fragmens comme *des débris d'originaux découpés pour faciliter les contretiremens & la fabrication des fauffes lettres.* Quant à la raifon pour laquelle on effaçoit les endroits des lettres qui ne me concernoient pas, je tiendrai ma parole, je ne la dirai point.

M. le maréchal termine (1) fa *premiere époque* par un commentaire fur deux lettres qui m'ont été écrites de Poitiers par madame de Saint-Vincent. La premiere eft celle où elle dit : « *j'ai un terrible* » *pas à faire. Je ne fais comment je m'y prendrai* ». *Elle parloit énigmatiquement, parce qu'elle parloit à un homme qui connoiſſoit tous ſes ſecrets. Ni l'un ni l'autre n'ont pû expliquer quel étoit ce pas terrible. Perſonne ne doutera que ce ne fût l'exécution du faux déja projetté. La ſeconde lettre eſt celle-ci :* « *tenez,* » *je vous envoye du caractere de cet homme. Vous* » *verrez qu'il parle du maréchal, & que je le charge* » *de toutes mes affaires à Paris. . . . . Confrontez les* » *caracteres . . . . . C'eſt un homme à M. le maréchal,* » *en qui j'ai la plus grande confiance. . . . . Il eſt inu-* » *tile, pour ce que je veux prouver, que j'envoye* » *une lettre entiere. . . . . . »* Le ſens & l'objet de cette lettre ne peuvent être équivoques. On y aperçoit l'in-quiétude & les précautions de deux fauſſaires qui cher-chent à ſe raſſurer fur l'efficacité des moyens. Le ſieur de Vedel avoit donc le ſecret.

Il faut être étrangement poſſédé de la manie des découvertes en matiere de faux, pour préſenter à la juſtice des commentaires de cette eſpece.

Le ſens de la premiere lettre ſe préſente de lui-même. A l'époque où elle fut écrite, madame de Saint-Vincent vouloit abſolument venir à Paris. Elle

---

(1) Page 41.

vouloit se rendre auprès de M. le maréchal. Elle vouloit, pour ainsi dire, le forcer par sa présence à tenir enfin les engagemens qu'il avoit pris tant de fois avec elle. C'étoit du moins ce qu'elle me disoit. Mais en même-temps elle devoit beaucoup à Poitiers. Elle se trouvoit dans l'impuissance de satisfaire à ses obligations. Il s'agissoit de partir sans payer. Et voilà le *terrible pas* qu'elle *avoit à faire*, & dont elle dit qu'elle *ne savoit comment s'y prendre*, parce qu'en effet il pouvoit arriver que ses créanciers l'empêchassent de sortir de la ville. Cette lettre, on ne me l'a point représentée lors de mes interrogatoires, & par conséquent je n'ai pas été dans le cas de *l'expliquer*, quoiqu'en dise M. le maréchal : mais elle est sous les yeux de la cour des pairs. Elle sera lue en entier ; & plus de doute alors sur son véritable sens.

Celui que donne M. le maréchal à la seconde lettre, n'est, ni moins faux, ni moins odieux. Madame de Saint-Vincent étoit *malade*, ayant *une fièvre de cheval*, comme le porte la lettre même, lorsqu'elle me l'envoya ; & sans doute qu'en ce moment, elle devoit être peu occupée de *projets de faux*.

Quoi qu'il en soit, cette lettre m'a été présentée à l'interrogatoire (1) ; & comme elle avoit environ trois ans de date, & que d'ailleurs je ne pou-

______

(1) Second interrogatoire du sieur de Vedel, article 58.

vois guere avoir la tête libre au milieu de tant de piéges tendus de tous côtés à mon innocence ; je ne me suis rappellé que très-imparfaitement ce qui avoit donné lieu à cette même lettre.

Mais lorſque j'ai été récolé, j'en ai demandé la lecture ; je l'ai entendue, & j'ai donné l'explication la plus claire. La voici :

La veille de l'envoi de cette lettre, j'avois témoigné à madame de Saint-Vincent aſſez peu de confiance au ſujet d'une lettre non ſignée qu'elle m'avoit envoyée comme venant de quelqu'un dont elle m'avoit parlé précédemment, & qui ſe trouvoit à portée, diſoit-elle, de me ſervir auprès de M. le maréchal. Madame de Saint-Vincent chercha donc à me tranquilliſer, en m'envoyant un fragment d'une autre lettre de la même perſonne, afin que je puſſe en faire la vérification, & m'aſſurer que toutes deux étoient du même caractere.

Ces deux lettres n'annoncent donc aucun projet, aucune exécution de faux auxquels j'aye participé, ni dont j'aye eu connoiſſance à Poitiers.

Reſte à voir ſi j'ai été plus coupable & ſi j'étois mieux inſtruit à Paris.

SECONDE EPOQUE. Cette derniere diſcuſſion ne peut-être longue. Les faits que j'ai ci-devant établis ont déja démontré la pureté de ma conduite dans tout ce qui s'eſt paſſé à Paris.

M. de Richelieu veut (1) que *les circonſtances*

____

(1) Mémoire contre le ſieur de Vedel, pag. 43 & ſuivantes.

dans lefquelles madame de Saint-Vincent préfentoit les billets au fieur de Vedel, duffent lui en faire fentir la fauffeté.

C'eft ce que nous allons voir.

Elle étoit totalement abandonnée de lui.

Le fait eft faux. Il la voyoit fouvent. Je l'ai prouvé.

Le fieur de Vedel ne fe trouve point d'accord avec elle fur la date du mandat.

Preuve fans réplique, qu'il n'y avoit aucun complot entre elle & moi.

Le fecond mandat portoit une fauffe acceptation PESCHOT. *Le fieur de Vedel s'eft tû fur cette acceptation. Sa réticence prouve qu'il avoit le fecret du faux.*

Point du tout ; car il n'y a rien dans toute la procédure, qui indique le fecond mandat comme revêtu d'une acceptation *Pefchot*.

Il affirme avoir vu des lettres de M. de Riche-lieu, par lefquelles il promettoit d'acquiter ce fecond mandat ; mais où font ces lettres ? Il n'en exifte aucune dans les pieces du procès.

J'affirme ce que j'ai vu. M. de Richelieu eft accufateur : il eft tenu de prouver ; & dès qu'il ne prouve rien de contraire à ce que j'affirme, la foi m'eft due. Les lettres apartenoient à madame de Saint-Vincent ; ce n'eft pas à moi qu'on doit les demander.

Le major a bien pu fe propofer de partager les

dépouilles de M. de Richelieu ; mais celui-ci n'a jamais pu songer à faire partager au major les libéralités faites à madame de Saint-Vincent.

Je ne me suis jamais proposé de partager les dépouilles de M. de Richelieu. Mes preuves sont faites à cet égard. J'ai refusé le billet de 60000 livres que madame de Saint-Vincent vouloit me faire accepter. Je m'en suis tenu à ma créance, sur laquelle je n'ai touché que 4000 livres. Il est si faux que j'eusse profité des billets, que le 4 juin 1774, je me suis vu obligé de vendre, & j'ai vendu en effet un domaine qui m'apartenoit dans ma province, & cela, pour payer le restant des dettes que m'avoit fait contracter madame de Saint-Vincent. Lorsque je fus arrêté, je ne possédois que cinq louis d'or, & je fus bientôt forcé d'accepter la bourse de mes camarades qui s'empresserent de venir me l'offrir dans ma prison.

Comment auroit-il pu croire à la sincérité de l'échange du billet de 300000 livres, en plusieurs autres billets, lorsqu'il voyoit encore le premier entre les mains de madame de Saint-Vincent ?

La réponse est simple : c'est qu'après l'échange, je n'ai plus vu le premier billet. Et en effet, il n'y a rien encore dans toute la procédure, qui prouve que ce premier billet ait subsisté postérieurement à l'échange.

Il convient avoir été chercher les écrivains qui ont

écrit les billets. Il ne les indique pas. Par cela seul il est complice du faux.

Encore une fois, je conviens de ce que j'ai vu, de ce que j'ai fait, de ce que j'ai cru. Il ne s'agit pas de savoir quels sont les écrivains qui ont écrit les billets; mais si c'est M. le maréchal qui les a signés, ou donnés comme signés de lui. Ainsi je ne suis point complice du faux, pour avoir été chercher des gens, à l'effet de leur faire écrire les billets.

Rubit a soutenu dans son interrogatoire, que, lors de la négociation, le sieur de Vedel & Benavent lui avoient dit que l'origine de la créance résultante des billets de M. le maréchal, étoit un emprunt de cent mille écus, fait par lui au pere de madame de Saint-Vincent, en allant à Mahon. Voilà donc un mensonge fait pour soutenir un titre faux. Le sieur de Vedel connoissoit donc le faux ; il en étoit donc complice.

Rubit emprisonné, effrayé, a pu dire tout ce qu'il a voulu pour justifier sa confiance dans les billets & pour se tirer d'affaire; mais il a été formellement désavoué par le sieur Benavent & par moi, tant dans nos interrogatoires respectifs (1), qu'à la confrontation. Et puis, comment poura-t-on me supposer de mauvaise foi, & sciemment complice

(1) Second interrogatoire du sieur de Vedel, articles 66 & 71.

du faux, quand on m'aura vu confier le billet à Rubit, & lui permettre d'en aller vérifier la signature vis-à-vis de M. de Richelieu lui-même? Fait avoué, attesté par Rubit; fait qui suffit seul pour écarter toutes les idées de M. de Richelieu sur ma prétendue complicité.

Madame de Saint-Vincent est arrêtée le 25 juillet par ordre du roi. Le sieur de Vedel craint que l'orage ne s'étende jusqu'à lui: il écarte tous les papiers de sa correspondance, & les dépose chez la dame Leroy, cette même femme chargée de la négociation des billets.

Il n'existe aucune preuve au procès, que ce soit au moment où madame de Saint-Vincent a été arrêtée, que j'ai remis mes papiers à la dame Leroy. Ainsi, assertion gratuite de M. le maréchal, qui, comme accusateur, est tenu de tout prouver & qui cependant ne prouve rien. J'affirme de plus, que c'est dès le mois d'avril que j'ai fait cette espece de dépôt, comptant alors aller rejoindre mon régiment dans le courant de mai. J'ajoute encore que la présomption est pour moi, & que tout concourt à démontrer la vérité de mon affirmation. Si j'eusse été coupable, à l'époque où madame de Saint-Vincent a été arrêtée, je n'aurois pas conservé des papiers qui pouvoient me nuire : je les aurois brûlés ou supprimés de maniere ou d'autre.

Je conclus de tout ceci que je n'ai pas été plus coupable à Paris qu'à Poitiers.

JE FINIS donc ici ma longue & pénible carriere. Il en eſt tems, je l'avoue ; & je ſuis bien las de diſcuter tant d'horreurs.

A quoi ſe réduit pour moi ce procès immenſe par ſes détails ? A deux points infiniment ſimples : ai-je toujours été dans la bonne foi que les billets argués de faux étoient réellement ſortis de l'hô-tel de M. le maréchal de Richelieu ? Ai-je eu part au prix de ceux de ces billets que madame de Saint-Vincent a négociés ? L'affirmative de la premiere, & la négative de la ſeconde queſtion, me paroiſ-ſent invinciblement démontrées, & j'eſpere qu'elles le paroîtront de même à tous mes juges, à toute la France, à toute perſonne qui m'aura lu, même avec l'intention de me trouver coupable.

M. le maréchal de Richelieu ſait très-bien que je ne le ſuis pas : malgré le ton dédaigneux qu'il a pris avec moi, il me hait beaucoup plus qu'il ne me mépriſe. Il eſt inutile d'en dire la cauſe. Mais préciſément parce qu'il me hait, & qu'il n'a point de preuve contre moi, il cherche à me perdre par des préſomptions.

Il n'y réuſſira pas. Je viens de mettre ma vie toute entiere ſous les yeux de la juſtice & du public. Dernier rejetton d'une maiſon reſpeétable & pure qui a prodigué ſon ſang pour la patrie ; ſi je n'ai pas hérité de toutes ſes vertus, je ne l'ai déshonorée par aucun vice ; & depuis trente-quatre ans que j'exifte pour la fociété, je jouis de fon eftime & de fa confidération. Perfonne ne préfumera jamais que j'aye voulu, pour un vil intérêt pécuniaire, m'expofer à perdre en un inftant tout le fruit de biens auffi précieux & confervés fi long-tems. Si ma caufe eft un grand exemple du danger des liaifons, ce danger n'eft plus aujourd'hui que pour mon adverfaire. Il fera puni doublement, & par la peine dûe au calomniateur, & par le chagrin de me voir décerner tous les honneurs de l'innocence.

M. de Richelieu ne manquera pas de fe prévaloir de la réferve & des réticences que l'honneur & le refpect public m'ont impofées dans le cours de ma juftification. Qu'il jouiffe, s'il veut, de ce trifte avantage. Je n'ai pu l'empêcher de déchirer *le voile de la pudeur:* & j'en ai raffemblé les lambeaux. C'eft tout ce que je me permettrai de dire fur ce point.

Mais ce que je ne puis laiffer fans réponfe, ce font ces atrocités par lefquelles il termine fon libelle (1):

» Il eft étonnant qu'un homme attaché à une
» profeffion dont l'honneur eft l'objet & le carac-
» tere diftinctif, ait pu former une LIAISON AUSSI
» PEU DÉLICATE dans fon principe, la foutenir par
» des INTRIGUES AUSSI BASSES, & la terminer par
» un CRIME AUSSI ÉNORME. Mais plus fon état de-
» voit le défendre des foupçons, plus il doit exciter

____

(1) Mémoire contre le fieur de Vedel, page 61.

» contre lui la févérité de la juftice. Le militaire,
» dont il a méconnu les leçons & les exemples,
» fera fon premier juge. C'eft à ce tribunal ref-
» pectable que M. de Richelieu en appelle avec
» confiance. »

A ces mots, mon cœur fe fouléve, mon fang fer-
mente & s'allume, & des larmes d'indignation cou-
lent de mes yeux.

M. de Richelieu n'oferoit pas les écrire aujourd'hui. Combien j'aurois fur lui de fupériorité,
fi je voulois profiter des circonftances où je me
trouve, comme il abufoit contre moi de celles où
il fe trouvoit lui-même ! Mais non. Je ferai généreux jufqu'à la fin. Je laifferai le public prononcer
entre nous.

On ofe me parler de *leçons & d'exemples* que j'ai
méconnus ! On ofe me parler d'*appel* au *tribunal militaire !*

Eh bien ! Monfieur le maréchal, je vous y cite, je
vous y ajourne à ce *refpectable* & terrible *tribunal* de
l'opinion ; nous y comparoîtrons tous deux ; nous y
porterons l'hiftoire de nos vies refpectives. La mife
ne fera pas égale, & vous aurez tout l'avantage,
puifque j'ai la moitié moins d'années que vous.
N'importe, je confentirai que mon cœur foit fcruté
rigoureufement, que l'on fouille jufques dans fes
replis les plus fombres. Et nous ferons juger le
parallele.

En attendant, je dois vous dire que fi nous étions

vous

vous & moi dans ce moment fous les drapeaux de notre prince, en préfence des ennemis de l'état, prêts à marcher au combat, j'obéirois à vos *leçons* comme à vos ordres, & j'en ferois une partie de ma gloire; mais que, hors de là, je n'ai ni n'aurai jamais, je l'efpere, de *leçon* d'honneur à recevoir de vous. *Signé* DE VEDEL-MONTEL.

CHAMBRES ASSEMBLÉES,

LES PRINCES ET PAIRS Y SÉANT.

Meffieurs { ROLAND DE CHALERANGE ET TITON DE VILOTRAN. } *Raporteurs.*

Mᵉ BLONDEL, Avocat.

MORISE, Proc.

R

PIECES JUSTIFICATIVES.

Nous souſſignés, conſuls, prieur & principaux habitans du lieu d'Aiguevives en Languedoc, certiſions que meſſire François de Vedel-Montel, chevalier de l'ordre royal & militaire de ſaint Louis, major du régiment Dauphin, infanterie, eſt né parmi nous; que depuis ſon enfance il a mérité dans toutes les occaſions notre plus parfaite eſtime, & qu'il ne nous eſt jamais parvenu que dans aucune circonſtance de ſa vie, ſoit ici, ſoit ailleurs, il s'y ſoit écarté de ſes devoirs & de la plus exacte probité : en foi de quoi nous lui avons ſigné le préſent certificat pour lui ſervir & valoir en ce que tout beſoin ſera. Fait à Aiguevives le 11 novembre mil ſept cent ſoixante-quatorze. *Signé*, Serane, prieur-curé; Menard, premier conſul; Granon, greſſier ; Granon, Combe, Bonnet, Antoine Hebrard, Claude Rouſſon, Rigaud, Cauzid, Mirabaud, Doumergue, J. Fournet, &c.

Nous, Louis Fajon, conſeiller du roi, lieutenant général criminel en la ſénéchauſſée & ſiege préſidial de Nîmes, certiſions à tous qu'il appartiendra que les conſuls, prieur & principaux habitans du lieu d'Aiguevives, ſitué dans le reſſort de ladite ſénéchauſſée, qui ont ci-deſſus ſigné, ſont tels qu'ils ſe qualiſient; en témoin de quoi avons ſigné ces préſentes, & fait contreſigner par notre ſecrétaire. A Nîmes, dans notre hôtel, le quatorzieme novembre mil ſept cent ſoixante-quatorze.

Signé, Fajon.

Plus bas, par mondit ſieur, *ſigné* Auvelier.

Certificat de MM. les officiers, ſervans ou retirés, habitant la ville de Nîmes, où le ſieur de Vedel a reçu ſon éducation, & a paſſé le plus grand nombre de ſes ſemeſtres.

Nous ſouſſignés, certiſions que noble François de Vedel-Montel, chevalier de l'ordre royal & militaire de ſaint Louis, major du régiment Dauphin, infanterie, est d'une probité exacte ; que pendant le temps qu'il a resté dans cette ville, sa conduite a mérité les éloges de tous ceux qui l'ont connu ; en foi de quoi nous avons signé la présente attestation. A Nimes le quatorze novembre mil sept cent soixante-quatorze. *Signé*, le chevalier de Pierrelevée, lieutenant pour le roi; la Fare-d'Alais, inspecteur des milices, garde-côte de la province du Languedoc; le chevalier de la Fare, ci-devant premier capitaine au régiment de Normandie ; le comte de Digoines, chevalier de saint Louis ; de Possac, chevalier de saint Louis, ci-devant capitaine au régiment de Normandie ; le chevalier de Langlades, Gevaudan, ancien major de Bouchain ; de Langlades-Charenton, chevalier de saint Louis ; Belot, ancien capitaine de grenadiers, chevalier de saint Louis ; de Massip, Lapierre de Leguiolle, capitaine au régiment d'Hainault ; de Rangueil, aide-major de la place ; la Hondés, aide-major ; Rouveyrié de Cabriere ; le chevalier de Catellan ; Joubert, chevalier de saint Louis ; Jonquet, chevalier de saint Louis ; Vincent d'Auberede, chevalier de saint Louis, chef de bataillon au régiment de Quercy ; Montredon de Castelnau ; de Lauzieres ; Themines, &c.

No u s lieutenant pour le roi, commandant, certifions que toutes les personnes qui ont signé le présent certificat sont tous officiers servans ou retirés.

Signé, le chevalier de Pierrelevée.

Certificat du corps de MM. les officiers du régiment Dauphin, infanterie.

N o u s officiers au régiment d'infanterie Dauphin, soussignés, certifions & attestons que M. de Vedel, qui a été major du régiment de l'Isle de France, réformé en 1762, ensuite major du régiment de recrue de Metz, & après commandant de celui de Tours, d'où il a passé en 1764 à la majorité dudit régiment Dauphin, s'y est comporté en homme d'honneur & de probité, ce qui lui a mérité l'estime du corps ; & n'ayant reconnu en lui rien de contraire, nous lui avons donné le présent certificat

R ij

qu'il nous a requis pour lui servir en ce que de besoin pourra lui être, auquel nous avons fait apposer le cachet du régiment. A Rouen, le 27 Août 1774. *Signé*, Léautaud, lieutenant-colonel; Maneville, Bonneau, Montgon, Saint-Poncy, Saint-Mary, Chelan, Willecot de Beaucorroy, Landrian, Montagny, Saint-Felix, Gellenoncourt, Faydeau, Preyssac, chevalier Chambeau, Lasseran, de Blau, d'Aucourt, Waubert, Saint-Silvestre, &c. &c.

Lettre écrite par M. le duc de Lavauguyon au sieur de Vedel, à la suite du certificat précédent.

De Rouen le 31 août 1774.

J'AI différé de répondre aux deux lettres que j'ai reçues de vous jusqu'à mon retour ici, parce que j'ai voulu les communiquer à MM. les officiers du régiment : ils se sont déterminés, avec le plus grand plaisir, à vous envoyer le certificat que vous avez desiré d'eux. Je joins avec bien de l'empressement mon témoignage au leur, & je rendrai dans tous les temps la justice que je dois à votre bonne conduite, à votre probité & à votre honnêtété.

J'ai l'honneur d'être, avec des sentimens inviolables, votre très-humble & très-obéissant serviteur.

Signé, le duc de Lavauguyon.

Autres Certificats.

NOUS comte du Roure, maréchal des camps & armées du roi, ancien colonel du régiment Dauphin, infanterie, certifions que M. de Vedel, major dudit régiment, s'y est comporté pendant tout le temps que nous avons eu l'honneur de commander ce corps, avec la probité la plus exacte, & que nous n'avons jamais reconnu en lui que des sentimens d'honneur ; en foi de quoi nous lui avons délivré le présent certificat, auquel nous avons fait apposer le cachet de nos armes pour lui valoir

& fervir ce que de befoin. Fait à Paris le vingt janvier mil fept cent foixante-quinze. *Signé*, le comte du Roure.

Nous Montmorency, marquis de Morbecq, maréchal des camps & armées du roi, ci-devant colonel du régiment de l'Ifle de France, qui a été réformé, certifions que M. de Vedel, aujourd'hui major du régiment Dauphin, infanterie, a fervi fous nos ordres dans le premier régiment avec la plus grande diftinction, y ayant été élevé fous les yeux de fon pere qui en étoit lieutenant colonel. Nous ne lui avons jamais reconnu que des fentimens d'honneur & de probité dignes de fa naiffance. Nous atteftons en outre que fon mérite nous étoit affez connu lorfque nous avons quitté le régiment de l'Ifle de France, pour avoir jetté les yeux fur lui de préférence pour le nommer à la place de major lorfqu'elle feroit vacante; depuis il ne nous eft point parvenu qu'il fe foit écarté en aucune façon & dans aucune circonftance des fentimens diftingués que nous lui avons connu; en foi de quoi nous lui avons figné & expédié le préfent certificat, auquel nous avons appofé le cachet de nos armes, pour lui fervir & valoir en ce que de raifon. Fait à Paris ce dix-huit janvier mil fept cent foixante-quinze.

Signé, Montmorency-Morbecq.

Nous marquis de Seignelay, brigadier des armées du Roi, colonel du régiment de Champagne, & ci-devant de celui de l'Ifle de France réformé, certifions que M. de Vedel, major du régiment Dauphin, infanterie, l'ayant été ci-devant de celui de l'Ifle de France, a fervi dans ce dernier régiment avec la plus grande diftinction pendant l'efpace de vingt-un ans, y ayant été élevé par un pere refpectable qui n'a pu lui donner que des fentimens d'honneur & de probité. Il ne nous eft jamais parvenu, foit pendant le temps qu'il a fervi fous nos ordres, foit auparavant & depuis qu'il eft placé major dans le régiment Dauphin, qu'il fe foit écarté de la plus exacte probité; nous affurons au contraire que nous n'avons reconnu en lui que des fentimens diftingués, qui lui ont dans tous les temps mérité l'eftime de fes fupérieurs & celle de fes camarades.

En foi de quoi nous lui avons expédié & figné le préfent pour lui fervir & valoir en ce que de raifon, & y avons appofé le cachet de nos armes.

A Paris ce fix décembre mil fept cent foixante-quatorze.

Signé le marquis de Seignelay.

Nous fouffigné lieutenant-colonel du régiment de l'Ifle de France, réformé, certifions que M. de Vedel, aujourd'hui major du régiment Dauphin, infanterie, eft entré au fervice enfant dans ledit régiment de l'Ifle de France, fous les yeux d'un refpectable pere qui a été tué en Italie, étant lieutenant-colonel, ainfi qu'un frere aîné audit fieur de Vedel, emporté d'un boulet, duquel boulet M. de Vedel fut renverfé; & que pendant l'efpace de vingt-un ans fous nos yeux nous ne lui avons reconnu que des fentimens d'honneur & de probité dignes de fa naiffance, qui lui ont mérité dans toutes les occafions l'eftime & l'amitié de tout le corps de Meffieurs les officiers fes camarades; que par fon mérite particulier il a eu la préférence fur de plus anciens capitaines que lui pour être nommé à la majorité dudit régiment; qu'il a rempli avec la plus grande diftinction; nous ne pouvons qu'avec la plus grande furprife entendre parler de l'accufation intentée contre lui. En foi de quoi nous lui avons expédié ce préfent certificat, pour lui fervir & valoir ce que de raifon, & y avons appofé le cachet de nos armes.

Fait à Nancy le dix décembre mil fept cent foixante-quatorze.

Signé le chevalier de Montagnac.

Me BLONDEL, Avocat.

A PARIS, chez P. G. SIMON, Imprimeur du Parlement, *rue Mignon Saint-André-des-Arcs.* 1775.

www.ingramcontent.com/pod-product-compliance
Lightning Source LLC
LaVergne TN
LVHW021829170726
843503LV00003B/880